高校英语课程实践教学模式创新

张　娜◎著

中国出版集团　现代出版社

图书在版编目（CIP）数据

高校英语课程实践教学模式创新 / 张娜著. -- 北京：
现代出版社，2022.6
ISBN 978-7-5143-9915-8

Ⅰ. ①高… Ⅱ. ①张… Ⅲ. ①英语－教学模式－教学
研究－高等学校 Ⅳ. ①H319.3

中国版本图书馆CIP数据核字(2022)第117679号

高校英语课程实践教学模式创新

作　　者	张　娜	
责任编辑	刘全银	
出版发行	现代出版社	
地　　址	北京市朝阳区安外安华里504号	
邮　　编	100011	
电　　话	010-64267325　64245264(传真)	
网　　址	www.1980xd.com	
电子邮箱	xiandai@vip.sina.com	
印　　刷	北京四海锦诚印刷技术有限公司	
版　　次	2023年5月第1版 2023年5月第1次印刷	
开　　本	185 mm×260 mm　1/16	
印　　张	11.25	
字　　数	266千字	
书　　号	ISBN 978-7-5143-9915-8	
定　　价	58.00元	

前　言

高校英语教学承担着培养语言基本功扎实、跨文化技能娴熟、国际视野宽广、专业基础宽厚、国际规范熟悉的国际化人才的使命，建设科学、完善的高校英语课程体系就成为实现这一目标的保障。根据高校英语教学改革的要求，结合目前英语教学现状和已有资源，积极探索建设科学、综合、立体、有机的新型高校英语课程实践教学模式，以更好地满足社会的需求，符合学校的办学目标与对接院系的专业需要，可以助推学生的发展。

基于此，笔者撰写了《高校英语课程实践教学模式创新》一书，在内容编排上共设置六章，第一章作为本书论述的基础和前提，主要分析高校英语教学的理论基础、国内外实践教学研究现状、高校英语课程的教学定位、高校英语课程教学目标与课程设置；第二、三章探讨高校英语课程实践教学的问题以及高校英语课程立体化实践教学模式的建构；第四、五、六章站在模式创新的角度，研究高校英语课程多模态教学模式的创新、微课教学模式的创新、翻转课堂教学模式的创新。

本书有两个特色：一是整体性，笔者全面地对高校英语课程实践教学模式创新进行了探讨和解读，从多个方面和角度结合实际状况做出了相关阐述；二是前沿性，在现有的基础上，结合多模态教学、微课教学、翻转课堂等新兴因素进行创新研究。希望本书能为从事高校英语教学工作的一线教师与学习者提供借鉴和启迪，并能对高校英语改革和教学有所帮助。

笔者在撰写本书的过程中，得到了许多专家学者的帮助和指导，在此表示诚挚的谢意。由于笔者水平有限，加之时间仓促，书中所涉及的内容难免有疏漏之处，希望各位读者多提宝贵意见，以便笔者进一步修改，使之更加完善。

目 录

第一章 绪论 …………………………………………………… 1

第一节 高校英语教学的理论基础 ………………………………… 1

第二节 国内外实践教学研究现状 ………………………… 34

第三节 高校英语课程的教学定位分析 ……………………… 37

第四节 高校英语课程教学目标与课程设置 ………………… 38

第二章 高校英语课程实践教学的问题分析 …………… 41

第一节 实践教学意识薄弱 ………………………………… 41

第二节 课程设置陈旧 ……………………………………… 43

第三节 人才培养模式单一 ………………………………… 43

第四节 实习实训条件落后 ………………………………… 44

第五节 双师型师资力量缺乏 ……………………………… 44

第三章 高校英语课程立体化实践教学模式的建构 …… 45

第一节 校内实训平台和校外实践基地建设 ……………… 45

第二节 高素质双师型教师团队建设 ……………………… 45

第三节 以就业为导向的实践教学内容的设计 …………… 46

第四节 动态多层次考核手段的实施 ……………………… 50

第四章　高校英语课程多模态教学模式的创新 ………………… 51

第一节　高校英语课程多模态教学的理论支撑 ………… 51

第二节　高校英语课程多模态教学与识读能力 ………… 56

第三节　高校英语课程多模态教学设计与呈现 ………… 58

第四节　高校英语课程多模态教学模式的构建 ………… 63

第五章　高校英语课程微课教学模式的创新 …………………… 67

第一节　微课教学及其在英语课程中的使用环节 ………… 67

第二节　微课教学模式下的学生自主学习能力 ………… 75

第三节　基于微课教学模式的英语不同课程教学 ………… 81

第四节　高校英语课程中多元化微课模式创新 ………… 104

第六章　高校英语课程翻转课堂教学模式的创新 ……………… 111

第一节　高校英语课程翻转课堂教学模式的体系 ………… 111

第二节　翻转课堂模式下的高校英语教师角色 ………… 135

第三节　基于翻转课堂模式的高校英语师生交互 ………… 144

第四节　翻转课堂教学模式在英语课程中的创新 ………… 166

参考文献 ………………………………………………………… 169

第一章 绪 论

第一节 高校英语教学的理论基础

作为教育中的一个重要因素，教学不仅是一种基本因素，还是一种复杂因素。教学是一种存在目的性的教育活动，其主要场所是学校。在学校教学中设立各个学科，虽然它们有着共同的教育目的，但是学科性质不同，教学目标也不尽相同。除了学科性质外，教学目标还会根据学段、教材、课题等的差异进行调整。

英语教学是教师"教"与学生"学"的互动过程，在这个过程中，师生之间通过教与学的关系相联系，教师通过对学生专业知识、学习能力、情感态度价值观等进行引导及培养，使学生身心全面发展。这个复杂过程需要师生的共同参与，既需要教师有清晰的教学规划和认真负责的教学态度，又需要学生积极主动的配合。从互动性来看，教学是教与学相统一的活动，是教师引导和学生主导的互动活动。

高校英语教学在教学的基础上更注重经验的传递，它通过制定详细的教学计划、设立全面的课程体系、选取最优的教学内容等形式将知识、能力及经验进行传递。针对不同的学情，高校在教学内容的选取上具有层次性。高校教学作为高校教育的一部分，其最显著的特征是计划性和系统性。而这种计划性和系统性正是通过课程规划和教学计划来体现。但需要注意的是，这种计划性和系统性不是一朝一夕形成，它是由教育行政部门、高校领导、高校教师等通过长期的教学经验及教学思考共同制定而来。

英语教学这项活动经历了漫长的历史进程，经过历史的沉淀，产生并传承一系列教学方法。因此，实施教学必须采用一定的教学方法和借助一些教育技术。尤其现在正处于信息技术快速发展的时代，教学需要借助多种多样的教育技术。

综上所述，高校英语教学是一项建立在计划性、系统性基础上，教师依照教学目的借助一定教学方法，对教学内容进行合理选取后，引导学生认识世界、改造世界，从而促进学生全面发展的活动。

一、高校英语教学的基本要求

（一）英语教学目标的科学定位

高校英语的教学目标主要是培养学生的英语综合应用能力，特别是听说能力。社会的发展对学生的英语能力提出了更高的要求，要丰富教学内容，平衡发展学生的英语运用能力。高校英语教学应该通过听、说、读、写、译帮助学生运用英语知识，使之转化为英语综合运用能力。教育的目的就是要培养学生的自主学习能力，具体到高校英语教学中，就是要培养学生在学习和使用语言时的策略意识和策略能力，使他们能够选择适合自己的学习策略，监控和管理自己的学习过程，正确反思和评价自己的学习能力，培养自主学习的能力，为终身学习奠定基础。

1. 听、说、读、写、译能力协调发展

高校英语教学应该科学合理地将听、说、读、写、译五项技能作为综合能力加以要求，并且在教学中促进五种技能协调发展。语言是一个整体，语言能力的发展和培养是整体性的，语言教学应从整体出发，将听、说、读、写、译这五种技能融为一体，协调发展。

在高校英语教学中，以听、说作为主旋律，贯穿读、写和译，或者读、写以听、说的形式来进行表达。强化听、说交际的运用，能使学生在动的过程中体会语言的魅力，获得成就感，从而激发并保持学习兴趣。语言知识和技能应通过自然的语言环境加以培养，从而在更有效地提高学生听、说能力的同时，全面发展他们的综合语言表达能力，为学生语言技能的发展找到合适的平台，培养学生的语言实践能力和对语言的感悟力和创造力。

2. 从注重知识传授转向注重培养语言能力与文化素养

英语教学界普遍认为，知识指英语语音、词汇、句型和语法等方面的知识；能力一般仅指英语交际能力。学习英语的终极目的是为了获得运用英语进行交际的能力。语言具有文化承载功能，语言本身就是完整的文化系统。英语教学所要求的培养学生应具备用所学语言进行跨文化交际的各种素养，不只限于口头的理解和表达能力，还包括书面语的理解和表达能力，更是一个文化移入的过程，要求语言习得者不仅要具有听、说、读、写、译能力，还要有社会文化的适应能力，即在使用第二语言进行交际时所具有的社会文化领悟力和应变能力，这是英语教学中跨文化交际能力形成的关键。

（二）英语教学模式的主次定位

各高等学校应充分利用现代信息技术，采用基于计算机和课堂的英语教学模式，改进以教师讲授为主的单一教学模式。新的教学模式应以现代信息技术，特别是网络技术为支撑，使英语的教与学可以在一定程度上不受时间和地点的限制，朝着个性化和自主式学习的方向发展。

1. 积极培养学生自主学习能力

自主学习是指学习者能够管理自己的学习行为，确定学习目标，制订学习计划，选择学习方式，监控学习过程，监督学习计划的实施以及学习技能的运用和发展，自我检查评估。注意培养学生的自主学习能力是提高高校英语课堂教学效果的重要途径。在培养学生的自主学习能力上教师要做好三个方面：一是要指导学生充分了解自己的英语水平现状；二是指导学生逐步壮大自己的优势；三是指导学生正确地进行自我评价。

教师可以细化学生学习英语的技能，分别找出影响自主学习能力的原因，找到改进的途径。教师在向学生介绍具体的评价方式的同时，要使学生认识客观的评价标准，有利于学生建立信心和成就感，并在英语学习中逐步形成较强的自主学习能力，并受益终身。

2. 充分利用多媒体、互联网教学方法

目前，我国互联网的普及率非常高（截至2021年6月，中国网民规模达10.11亿，互联网普及率达71.6%），因此，利用多媒体、计算机辅助语言教学是英语教学发展的趋势。多媒体教学可以优化英语教学结构，为学生提供更优的学习实践环境，从而全面提高课堂教学效率。多媒体能集成文字、图像、影像、声音及动画，具有良好的交互性。多媒体创设的情景比录像、幻灯片更为生动形象、有趣、新颖，易于呈现教学的重点、难点，为学生提供了更多的语言实践机会，符合英语教学的交际性、实践性等特点，对培养学生的学习兴趣和提高英语素质都具有积极的作用。多媒体的运用还能为教学提供多种形式的训练方法，使课堂的信息量增加，产生教与学的最佳效果。

高校英语教师可以利用互联网了解国际英语教学发展的最新动向，共享新的教学资源和科研成果，下载软件，丰富教学手段，获取资料，充实教学内容。同时可以引导学生通过互联网参与国际交流，促进语言习得。

3. 英语教学课程的合理设置

高校英语课程不仅是一门语言基础课程，也是拓宽知识、了解世界文化的素质教育课程，兼有工具性和人文性。因此，设计高校英语课程时也应当充分考虑对学生的文化素质

培养和国际文化知识的传授。

在课程结构上，高校英语应设置由"必修课+限选课+任选课"构成的多元化高校英语系列课程，坚持必修课和选修课平衡、输入和输出平衡、语言与文化平衡。通过高质量的语言输入、多样性的学习活动和渐进性技能转换训练，有效地训练学生的英语使用技能、跨文化能力、自主学习能力和综合文化素养等通用英语技能；语言课程需要向国际型转变，高校英语课程体系的设计应该是科学的、系统的、符合学生个性化要求的。

高校英语课程教学课程的设置应考虑到培养目标、学生层次、知识体系的系统性和学生个性化的发展需要等方面，应该把英语基础知识的掌握和应用、英语语言运用技能的培养、实用英语应用能力的培养、英语国家社会文化知识的学习以及专业英语的学习包括在课程体系之内。

二、高校英语教学的理论支撑

语言学从 19 世纪末 20 世纪初就开始从心理学角度来探究语言学习的特殊性和规律性，并对学习的过程、条件和影响因素等产生了关注，而对学习理论的研究也成为 20 世纪心理学研究的重要内容。较有代表性的学习理论有行为主义、建构主义和人本主义理论等，这些学习理论的出现和更迭无疑推动了英语教学的发展，促进了教学方法和模式的更新换代，因而具有重要的意义和深远的影响。

（一）行为主义学习理论

"行为主义学习理论又称刺激-反应理论，是当今学习理论的主要流派之一，该理论认为，人类的思维是与外界环境相互作用的结果，即形成刺激-反应的联结。"[①] 行为主义学习理论认为，学习是刺激与反应之间的联结，其基本假设是：行为是学习者对环境刺激所做出的反应。行为主义学习理论把环境看成是刺激，把与之伴随的有机体行为看作是反应，认为所有行为都是习得的。行为主义学习理论应用在学校教育实践上，就是要求教师掌握塑造和矫正学生行为的方法，为学生创设一种环境，尽可能地在最大限度上强化学生的合适行为，消除不合适行为。行为主义学习理论的主要特征可体现在以下方面：

第一，在这一行为主义的学习理论中，学习者会努力地观察并且模仿一些语言的现象。学习者在学习的过程中，会观察和模仿教材的内容、教师的言行、音像资料的声音画

---

① 汤海丽. 高校英语信息化教学改革与微课教学模式探究［M］. 北京：冶金工业出版社，2018：8.

面还有周边环境中出现的一些语言类现象。学习语言首先是从观察开始的，然后是模仿，学习语言、掌握语言的基础性环节就是模仿，这是学习者自主创造语言的必要条件。

第二，注重让学习者频繁地进行语言方面的实践。学习者只有长期频繁而且机械式地进行语言方面的训练，才有可能养成相应的语言方面的习惯。这种频繁的语言训练需要在一定的时期内反复循环，相比学习语言的其他方法要更加频繁。

第三，行为主义学习理论强调在学习过程中对学习者的鼓励作用，即正向强化。每当学习者在语言方面取得一些进步时，教师或者引导者需要给予其积极的肯定和鼓励，这样学习者的学习习惯以及积极性才容易被固定并延续下去。根据这一理论，成年人或教师是完成正向鼓励的外部主要因素。

第四，行为主义学习理论重视在具体的学习过程中，采用多元化的句型操练形式。之所以要进行反复的语言方面的训练，就是要使学习者通过持续的实践，能够达到一经刺激就产生反应的效果。

第五，在语言学习的过程中，应当每隔一段适当的时间就对学习者进行刺激。就是要让学习者按照计划，每隔一定的时间就去接触所要学习的语言，以持续性的刺激使学习者进行语言方面的实践。

（二）人本主义学习理论

人本学派十分注重实现人的自我价值，强调创造力、自身价值和人的尊严，认为实现人的本性就是发挥其自身的潜能，人的潜能实际上就是人的本质。人的心理和本质的一致性是人本主义的重要发现，该学派的主要代表人物是马斯洛和罗杰斯。人本主义的教学观是建立在其学习观的基础之上的，认为所有能够向别人传授的知识都是没有用的，这种观点是人本主义的学习观。只有人自己主动发现并且经过消化吸收的知识，才能够对自己的行为产生影响。所以，教学可能是没有意义的，甚至还可能是有害的。教师所要做的，并不是向学生传授知识，也不是引导学生掌握学习方法，而是将各种有用的资源提供给学生，营造一种有益于学习的氛围，到底如何展开学习则应当由学生自己来决定。

人本主义学习理论的缺陷在于：①片面强调学生的天赋潜能作用，忽视环境与教育的作用；②过分强调学生的中心地位，影响了教育与教学效能；③过于突出学生个人的兴趣与爱好，低估社会与教育的力量；④低估了教师的作用。

（三）"认知-发现"说理论

20世纪60年代美国最有影响的认知学派代表人物布鲁纳接受并发展了皮亚杰的发生

认识观点，提出"认知-发现"说，即学生所处的环境会影响到他的心理状态，而他的心理状态也会对环境产生反作用，但实际上学生心理最主要还是会受到他所特有的认识程序的影响。帮助学生实现智慧及认知的成长是教学的宗旨。教师的主要职责就是要熟悉学生的现状，并且把知识转换成学生容易接受的形式传授给他们。所以"认知-发现"说倡导教师和学生采用发现学习的方法，以下是这种学习方法的特点及其策略：

1. 强调学习过程

在教与学的过程中，学生应该扮演的是一个积极主动的知识探寻者的角色。教师的任务就是要创造一种益于学生去独立探寻知识的氛围，而不是仅仅将既定的知识灌输给学生。教师授课并不是要把一个小图书馆填充到学生的头脑中去，而是要引导学生掌握自学的方法，习惯于去独立思考问题，主动参与到获取知识的过程中去。认识是一种学习的过程，而不是学习所创造的一种产品。"认知-发现"说认为，在学习的过程中，学生应当成为一名面对知识积极而主动的探寻者，而不应仅仅是一名被动而消极的接受者。

2. 强调直觉思维

发现法不仅对学习的过程比较重视，而且还非常关注直觉思维在学生学习过程中的重要性。布鲁纳指出，直觉思维并不一直是按照规定好的步骤进行的，而是经常以一种越级的、跃进的方式，通过捷径来进行思考，这点与分析思维有着本质上的不同。在科学发现的相关活动中，直觉思维更为重要。言语类的信息或者是教师的指令性的语言文字并不会直接形成直觉思维。直觉思维的形式和本质通常是图像或者是映像性的。因此在教学的过程中，教师应当引导学生先做后说，起码要边做边说，以帮助学生通过探寻活动来构成丰富的想象力，避免语言化过早出现。

3. 强调内在动机

"认知-发现"说认为，应当促成学生从内部产生学习的动机，或者将外部的动机转变成为内部的动机。学生的好奇心和热情会被发现活动所调动和激发，好奇心能够驱使学生以极大的热情去探究未知的东西，所以可以把学生的好奇心称作"学生内部动机的原型"。因此，要想使学生主动建立起学习的动机，就要先让学生有提高自己才能的欲望，也就是驱动力，这样才能使学习的效率得到明显提高。

4. 强调信息提取

人类保持记忆力先要解决的问题是提取，而不是储存。虽然这是从理论的角度来讲的，但对学生的要求也是如此。原因在于学生在学习的过程中，需要在没有外因作用的前提下独立提取相关的信息。因此，学生组织信息的方式直接影响着他提取信息的效果。每当学生参与到一项发现事物的相关活动中去的时候，肯定会以一些特定的方式来组织这些信息，这个过程会对他的记忆产生积极的作用。

5. 多元智能理论

20世纪80年代哈佛大学认知心理学家加德纳提出了的多元智能理论，定义智能是一种创造的能力，这是在特殊的情景下解决问题的过程。多元智能理论将人的主要智能归纳为八种：自然观察智能、运动智能、内省智能、空间智能、音乐智能、人际交往智能、逻辑-数理智能、语言智能，并且创造了一种新的理念，即"智能本位评价"，这种理念进一步拓展了学习评估的基础；多元智能理论倡导的"情景化"评估方式改变了过去传统教育评估的一些方法及功能。多元智能理论颠覆了传统的"一元智能"的理论。当下我国高校正在进行大规模的教学改革，很多教师都在探寻对学生进行评价的新方法，这种理论就具备了较高的借鉴价值。

在多元智能理论中，所有人都是聪明而智慧的，但这种聪明的性质以及范畴还是有所区别的。每一个学生都有其自身的价值和作用，这种差异不应当成为教育过程中的负面因素，而应当成为一种独具价值的资源。教师要始终用一种欣赏和发现的目光去看待每一个学生，把所有的学生都视作天才，积极地、有针对性地去挖掘学生的潜力，帮助所有的学生成为人才。

在教学方法的选择上，多元智能理论主张要仔细分析每名学生的智力优势和弱势所在，有针对性地制定具体的教学方法。教师应当对于学生间的差异保持敏感度，正确对待这些差异，并且利用这些差异来确定具体的教学模式，努力开发学生的潜能，让每个学生都能成为一名优秀的人才。

关于教育的目标，多元智能理论认为并不需要把每名学生都培养成为全面的人才，而应当根据每名学生的不同特点和情况来帮助他们确定最适合自己的发展方向。教育的意义其实有两个方面：一是为社会培养有用的人才；二是要解放和发展人的自身。教师不应再像过去一样刻板地备课、机械地上课，简单地完成教学大纲的内容，而应当从学生的本真角度出发，注重对他们潜能的开发，让他们得到全方位的发展。教师要不断对教学的形式以及教学的环节进行调整，培养和发掘学生多方面的智能潜力。多采取小组的形式来引导学生进行合作式的学习及讨论，这样对于培养学生的人际智能有着积极的促进作用；而且还应当注重引导学生进行课后的反思，提高他们的内省意识和能力，让课堂变得活泼有趣，富有吸引力，始终保持学生在课堂上的主体地位。

多元智能理念指导下的高校英语教学有以下教学阶段：

第一，能力的感知——通过触、嗅、尝和看等多种感官经验激活各种智能，感性认识周围世界事物的多种特征。

第二，能力的沟通——通过接触他人、事物或特定的情景体验情感，调节并强化认识活动。

第三，能力的传授——在教学中传授学习方法与策略，把智力开发与教学重点相联系，帮助学生了解自己的智力程度，发展潜能。

第四，能力的综合运用——通过评估促进学生综合地运用多种智能，使每个学生都能自信地学习，并有所作为。

（四）建构主义理论

建构主义（constructivism），其最早提出者可追溯至瑞士的皮亚杰，建构主义学习理论的基本内容可从"学习的含义"（即关于"什么是学习"）与"学习的方法"（即关于"如何进行学习"）这两个方面进行说明。建构主义提倡在教师指导下的、以学习者为中心的学习，换言之，它不仅关注到学习者的认知主体的作用，而且对教师所发挥的指导性作用也并未忽视。教师的作用并不是向学生传授和灌输知识，而是要帮助和引导学生寻找学习的意义。学生应当成为信息的加工者和意义的建构者，而不应成为被动地接受知识的对象。以下是建构主义学习观的内容：

第一，学习是学生自主汲取知识的一个过程，而并非是由教师机械性地传授知识的过程。学生不应该始终处于被动的接收信息的地位，而应当积极主动地寻找学习知识的意义，这个过程必须由每一个学生亲力亲为，别人无法替代。

第二，学习的过程应当成为学生主动建构意义的过程，学生不能只简单被动地接收一些信息。学习者需要在自己的经验基础上，有选择地对外部的一些信息进行加工和处理，从中寻找属于自己的意义。因为外部的信息对于每一个人初始并不具有特别的意义，之所以会产生意义，是因为学习者会将自己旧的知识和新的知识进行反复的相互作用，在这个过程中建构成相关的意义。所以学习并不是简单的一个刺激-反应的过程。

第三，获得学习意义的过程主要包括：学习者先要掌握一定的知识和经验，在此基础上将新的知识和信息进行重新加工、重新编程、重新认识，形成自己的理解和认识。学习者原有的知识也会因为新知识的融入而发生整合和改变。

第四，学习者的认知结构会通过两种途径发生改变：一种是同化；另一种是顺应。同化指的是学习者的认知结构发生的量的变化，顺应指的是认知结构发生的质的变化。同化和顺应会发生一个往复的循环，这个过程会在平衡与不平衡的状态下交替进行，这就是人产生认知的过程。简单机械的信息积累并不是真正的学习，真正的学习是新的知识及经验与旧的知识及经验的冲突与递进，从而使认知的结构发生重组的过程。所以，学习并不是一个简单的信息录入、保存和提取的过程，而是学习者掌握的新的知识与旧的知识之间相互发生冲突，相互产生作用的一个过程，也可以说是学习者同他所处的学习环境间的互动过程。

建构主义理论始终都是将学生作为中心的，这种理论提倡要从三个方面进行努力：①教学时要引导和发挥学生学习的积极性和主动性，将学生的首创精神加以保护和推广；②为学生提供不同的机会去帮助他们使用自己所学到的知识；③引导学生通过自己的行动获得一些信息的反馈，并且根据这些反馈来制订解决问题的具体方案。这三点实际上也是以学生为中心的具体体现。

在教学过程中建构主义包括四个方面：①强调"协作学习"对意义建构的关键作用；②强调对学习环境的设计；③强调利用各种信息资源来支持"学"；④强调学习过程的最终目的是完成意义建构。

三、高校英语教学的基本原则

（一）文化导入原则

语言是文化的载体，也是文化的表现形式。因此，文化导入是高校英语教学的重要原则，在进行英语教学时要重视英语国家的文化和习俗，帮助学生了解文化差异，扩展视野。在英语教学活动中，可以从以下方面来进行文化教学：

（1）利用教材渗透多元文化，注意捕捉教材中的文化信息。在教材的处理上，教师可以结合课本内容，不断拓展，引出相关的文化信息，提高学生的英语文化知识水平。

（2）运用真实的情景讲授文化知识。教师要在课堂上深入浅出地引导和讲授文化知识，创造浓厚的语言文化学习氛围。同时，所讲授的文化项目应该与日常交际密切相关，以提高学生的实际应用能力为方向。

（3）认真分析文化的差异。教师在日常教学过程中，应让学生充分了解不同文化之间的差异，促使学生以博大的胸怀接纳不同文化带来的影响。

（4）充分利用多媒体与网络进行教学。教师可以充分利用网络和多媒体资源，让学生多看或多听一些与英语国家有关的文字或影像资料，这也是一种学习外国文化知识的重要方法。

（二）以学生为中心原则

以学生为中心，要求高校英语教师要正视自己在教学中的主导作用，要把自己的教建立在学生的学之上，一切教学工作都要围绕学生的学习展开。总而言之，以学生为中心的教学理念应体现在教师教学的各个环节，具体如下：

（1）制定切实可行的教学方案。教学方案是各项教学活动顺利开展的依据。以学生为中心要求教师需根据学生的语言接受水平和语言运用能力来制定合理的英语教学目标、教学任务、教学计划评定方法等方案。

（2）认真备课。教师只有进行充分的备课，才能将教材上的知识和自己的实践经验有效地传授给学生。教师在备课中要善于换位思考，发散思维，从学生的角度出发，尽量让绝大多数的学生参与进来，努力让学生成为课堂教学活动的主体。

（3）认真分析教材。教师在对教材进行分析时，应对教学内容进行充分的理解和把握，根据学生所处的不同阶段的实际情况与学生的学习能力来调整教学目标和教学任务，根据学生的需要对教材内容和活动进行最优化处理，使教材与学生的经验建立起联系，把教材内容变成问题的链接和师生对话的中介，使教材的作用真正发挥出来。

（4）采用适当的教学手段。以学生为中心的原则要求高校英语教师要根据学生的特点，灵活选用各种教学方法和手段。例如，直观的教学方法有助于学生直接感受和理解语言，通过视、听、说加深印象、强化记忆，激发学生参与的兴趣；形象化的教学手段则可以适应学生的直觉思维特征。此外，教师还要善于利用课堂空间设置和模拟各种场景，激发学生兴趣，调动学生参与课堂活动的主观能动性。

（5）充分发挥自身的主导性作用。在以学生为中心的教学过程中，教师是教学的主导者，充当着指导者、协调者、顾问等角色，其主要作用在于帮助学生加速学习进程。当学生遇到困难时，教师要及时给予帮助；当学生愿意接受学习任务时，教师应该给予更多锻炼的机会，激发其学习的兴趣和动机；当学生的学习热情不高时，教师要及时予以鼓励；而当学生在学习上取得成绩时，要及时向学生提出更高的要求，使学生始终明确学习，不断努力。

（三）循序渐进原则

高校英语教师要有耐心，逐步提升学生的英语水平。高校英语教学要遵循循序渐进原则，需要做到以下方面：

（1）从口语过渡到书面语。英语包括口语和书面语两种形式，在英语中，口语是第一位的，书面语是第二位的。因此，英语学习也应从口语开始，然后逐渐过渡到书面语。此外，由于口语里出现的词汇大都是日常生活用语，句子结构也相对简单，与书面语相比更容易学习，因此通过口语的学习，学生可以很快获得与日常生活相关的交际语言，迅速提高交际能力。

（2）从听、说技能过渡到读、写技能。通过英语课堂中的听、说教学，学生可以学到正确的语音，掌握基本的词汇和基本的句子结构，从而为读、写能力的培养奠定基础。因此，在整个英语教学过程中，尤其是在学生学习的初级阶段，高校英语教学应先从听、说入手，然后在此基础上，进一步培养学生的读、写、译的能力。教师在每节课中都要尽量为学生创造良好的语言环境，培养学生听的能力，并在此基础上，结合相应的听力内容，循序渐进地培养学生的口语表达能力。

（3）语言知识与技能、使用语言的能力不断循环与深化。在英语学习中，学生对一个语言项目的掌握是需要进行多次的循环，而且每一次都是对前一次的深化。此外，在具体的课堂教学中，教师应该注意在学生已有的语言知识和已经熟悉的语言技能基础上，讲授新的知识，培养新的技能，在讲授新知识的同时还必须复习前面所学内容。

（四）激发兴趣原则

兴趣是最好的老师，是推动学生不断前进的强有力的动力。对于学生来说，英语学习的兴趣在很大程度上决定着英语学习的成功与否。为了激发学生的学习兴趣，高校英语教师可以在以下方面做出努力：

（1）探寻学生真正感兴趣的问题。教师只有了解了学生真正感兴趣的问题，才能够因需施教。教师在日常教学中要注意发现和收集学生感兴趣的问题和事物，并把它们作为设计课堂教学活动的素材。

（2）了解和鼓励学生的进步。教师在教学过程中要时刻注意发现学生身上的闪光点，善于发现学生学习取得的进步，并适时鼓励和表扬，这不仅有利于培养学生的学习兴趣，还可以培养学生的自信心和成就感。

（3）深挖教材以激发学生学习英语的兴趣。以学生为中心的教学理念要求教师认真分析教材，教材是帮助教师激发学生学习兴趣的一个有效工具，是教师教学和学生学习的重要资料来源。教师要想最大限度地调动学生的积极性，可以在备课时认真研究教材，挖掘教材中的兴趣点，保持每节课的新鲜感，保证教学的内容和活动能让学生感兴趣。

（4）改变传统的英语教学。在现代英语教学中，教师应做到教学手段的多元化，并努力创设知识内容、技能实践和学习策略需要的情景，以开发学生学习英语的思维，帮助他们加速英语知识的内化过程，使他们能够在英语交际实践中灵活运用听、说、读、写的知识与技能，最终使英语知识变为自己进行交际的工具。

（5）完善传统的英语教学评价方式。高校英语课程的评价应以形成性评价为主，采用的操作方式也应该是学生在平时教学活动中常见的，重视学生的态度、参与的积极性、努力的程度、交流的能力以及合作的精神等。除形成性评价外，针对学生不同阶段的考试可以采用笔试与口试相结合的方式。笔试主要考查学生听和读的技能以及初步的写作能力，口试主要考查学生实际的语言应用能力。

（五）真实性原则

学生学习的最终目的是为了交流，因此所学的教材内容自然要尽量遵循真实性原则，具体包括以下方面：

（1）采用真实的教学内容。真实的教学材料对学生的学习十分有益，可以让学生接触真实自然的语言，了解交际话语和背景文化，并能在课堂活动和社会交际之间建立联系。高校英语教师在开始教学前应从语用的角度认真分析课文，不仅分析课文语句的结构意义，更要着重把握语句的语用意义，了解语句使用的真实语境，研究语句中包含的情感、语气、意图等，准确把握课文中所有语句的真实语用内涵，同时选择语用真实的教学例句和课内外练习。

（2）设计或组织语用真实的课堂教学活动。英语课堂教学是通过呈现、讲解、训练、巩固等一系列的课堂教学活动来完成的，这些课堂教学活动都要与语用能力培养密切相关。对学生语用能力的培养要贯穿于英语教学的全过程，融于语言学习各环节的学习和训练之中。总而言之，进行训练和巩固时不仅要进行真实语义的训练和巩固，而且要关注如何在恰当的语境下表达恰当的语用意图，这样才能帮助学生真正提高交际能力。

（3）努力做到学习环境的真实性。高校学生学习英语主要是通过课堂教学进行的。教师更要充分利用课堂这一场所，有效实现英语教学目标。实际上教室本身就可以是一个真实的语言学习与交流场所，它能不能充分发挥应有的作用就在于教师是否能将课堂教学营造为有利于学生学习的环境，是否能真正调动起学生的学习兴趣。

（4）编排语用真实的教学检测评估方案。教学检测评估对教学起着很大的反馈作用。

通过设计编排语用真实的教学检测评估，教师可以有针对性地调整和改进教学，特别是对关于学生语用能力培养方面的教学，能起到更直接有效地培养学生运用英语能力的作用。

（六）交际性原则

学生学习语言的最终目的是交际，培养学生的交际能力是高校英语教学的首要目标。教师在教学过程中要时刻关注英语的交际性，将交际性原则贯彻到实际教学中。教师要教学生能够运用所学的语言知识在不同的场合、对不同的对象进行有效得体的交际。具体来说，高校英语教师在英语教学中应努力做到以下方面：

（1）正确认识英语教学的性质。要想落实交际性目标的要求，教师需要认清英语教学的性质。英语教学是一种针对听、说、读、写、译等各项技能的培养型课程，教、学、用三个方面是一个有机的统一体，这三者之间是一种相辅相成的关系，其中"用"在这三个方面中处于核心地位。使用英语进行交际的能力是在使用的过程中培养出来的。

（2）把英语视为一种交际工具。英语是一种学生顺利与他人进行交际的工具，英语教学的目的是培养学生使用这种交际工具的能力。使用交际工具的能力是在使用当中培养的，英语教学中的交际性原则既要求教师将英语作为一种交际工具来教，也要求学生把英语作为交际工具来学，还要求教师和学生课上课下都将其作为交际工具来用。

（3）结合学生的生活来选择教学内容与活动。在进行英语教学时，现实生活因素也需要考虑。高校英语教师应把语言和学生所关心的话题结合起来，给学生提供足够的、内容丰富、题材广泛且贴近学生生活的信息材料，这样的材料具有一定的现实性，很容易引起学生的共鸣，能调动学生的兴趣。

（4）在教学中创设交际情景。在高校英语教学中，只有把教学的内容置于一种有意义的情景之中，才有可能让学生充分理解每一句话所表达的意思。这就要求教师在设计英语教学活动时要充分结合教材的内容，利用各种教材，开展各种情景的交际活动，此外，教师也可以设计任务型活动，让学生通过完成特定的任务来获得和积累相应的知识与经验。需要注意的是，这些活动需要具备交际的性质，才利于交际目标的完成。

（七）情感性原则

高校英语教学要关注积极的情感体验对教学的重要作用，坚持情感性原则。教师应真正热爱英语教学工作，真正关心自己的学生，并在此基础上运用心理学的理论和方法，有意识地激发和调动学生学习英语的积极情感因素，增强学生学习的自信心、主动性和目的性，提高英语教学效果。具体而言，教师在教学过程中关注情感要做到以下两点：

1. 营造轻松愉悦教学环境

（1）要建立相互尊重、相互理解、相互信赖的新型师生关系，教师应该做到仪表大方、笑容可掬、和蔼可亲，保持在学生中的威望。教师既要充当学生学习上的指导者，又要做学生生活中的朋友。在学习上，教师要及时了解学生遇到的挫折，帮助他们总结经验教训，克服困难，树立学习的信心；在生活上，教师要时刻注意学生的思想动态、家庭情况，必要时对其进行心理指导。

（2）营造激发学生学习动机和兴趣的轻松愉悦的学习氛围。教师在教学过程中要注意培养学生学习英语的兴趣，把培养学生的兴趣、态度和自信心放在英语教学的首要地位，从而有效地促进学生身心健康的全面发展。

除了兴趣，学生的动机也是影响英语教学的关键因素。不论是听、说、读和写等能力的培养，还是英语知识的教学，如果不能激发学生的学习动机，教学就不可能达到预期的效果。而创设情景就是激发学习动机一个重要因素，因为没有特定的社会情景，就没有语言的交际活动。

2. 培养学生积极情感态度

（1）结合学习内容讨论情感问题。在日常的英语课堂教学中，教师要注意融入积极的情感态度的培养，针对学生学习过程中出现的具体问题进行针对性的引导，帮助学生解决情感态度方面的问题。

（2）建立情感态度的沟通渠道。情感态度的沟通和交流渠道可以通过教师在课堂教学中建立起来，如建立融洽、民主、团结、相互尊重的课堂氛围等。在沟通和讨论的过程中，教师要尊重学生的感受。同时，教师要仔细观察，了解学生的情感态度，以培养学生积极的情感。

四、高校英语教学的关系分析

（一）教学与互动的关系

语言的输入具有第一性的特性，语言的习得是在对相关信息充分理解之后获得的，也就是需要进行很多的"理解性输入"积累才能获得。通过类似于"外国式谈话"研究的发展，就能够知道本族语者（NS）和非本族语者（NNS）之间的沟通和交流，二者在这一过程中如果进展顺利就会相互产生影响，这种行为称为交互调整。它包含了对语言形式以及语意沟通的调整，这种调整方式和语言输入方式调整相比，更加能够帮助学习的人进行理解，是语言习得的基础条件。在这种交互调整的过程中，NS-NS 和 NS-NNS 之间，以及语言水平不同层次的学习的人之间都可以进行交流。在进行交流的过程中，修正具有很重要的作用。交互修正的公式是：交互作用→理解输入→输出。

"交互修正说"是交互假设中最重要的组成部分，指在交际过程中，为了避免可能产生的不理解或误解，使双方相互沟通，信息接收方对不解之处提出疑问，而信息输出方则对自己的信息表达形式不断地进行修正，如用同义词、用更简单的语言表达方式或重复等，以达到交际顺利进行的目的。这种交互修正归纳为：①澄清请求。说话者不能确定自己听到信息的正确性，于是请求对方重复所说的话。②理解监察。因不知对方是否听懂，故询问对方。③重复证实。说话者发现对方在语言上存在错误，为了委婉提醒对方注意，而重复已听到的话语中有质疑的部分，并用上升语调，暗示对方纠正。

由于交互假设的相关交际功能是没有办法从相关的语法中发挥作用的，所以，情景语境这种交互环境对习得作用是很有帮助的，它能够在交互的过程中对学习者起到吸引的作用，最终帮助选择。在进行交互时，相关不良影响的反馈在语言的发展中也会起到相关的作用，特别是对于语音、词汇、特殊句式等方面的影响。这种新型的交互假设在反馈机制和交际性输入中具有重要的地位，特别是在二语习得阶段。

1. 重视师生课堂交际

交互假设强调了通过学生与教师、学生与学生之间的交际互动来创造和接受可理解性输入，以及只有在一定交际情境下有意义的输入才能被学生所吸收。在学生进行相关的交际活动学习时，教师要及时纠正学生在学习过程中的相关错误和问题，进行及时的讲解，让学生当场改正。

在互交过程中教师应根据学生的特点和外语水平逐步调控教师话语。和外国人话语对应的教师话语具有详细、交互和正式的特性。教师在对学生进行话语输入教育时，要对句法进行简化，特别是在与低水平的学生交互过程中，教师要用广义的词汇对狭义的词汇进行替代和教学。在这个教育过程中，要用母亲教育小孩的方式和话语交互进行教学，可以利用重复的问题、扩展话语、刺激教育和即时问题等开展话语教学。

2. 课堂中的讨论式教学法

讨论式教学法是指将讨论、对话和交谈进行一体化的互动式教学方法之一。进行交谈的目的是将均等性保持一致，在进行对话时，所有的参与者一开始是不具备共识的，为了最快找到共同的讨论话题和探讨问题，通常都是将参与者看作是合作者的身份去开展探索和研究，在对观点进行阐述时，会出现不同的观点，原有的观点存在被推翻的可能性，也可能存在新提出的观点被原有的观点推翻和说服的情况。

因为讨论会可以提高参与者的知识视野，加强他们对问题的判断力和理解能力，所以讨论是与交谈具有不同作用的形式。讨论是指在两个或者以上的参与者参与的一个小组中，通过对各自观点的分享、探讨，甚至是批判来进行讨论，在这个过程中整个氛围时而活跃时而严肃。讨论能够增进参与者之间的感情，能够帮助培养相关的技能，也是民主参与的重要保障。

课堂中的讨论范畴，教师和学生都要进行提前的准备和预习，对各个讨论要点进行熟悉。教师在班级中，要鼓励学生对讨论的要点进行特点探究和命名，在很好地理解之后进行这些特点的讨论。讨论的主要特点有：热情倾听、积极参与、高度注意、谦逊、相互性、共同协商、正确评价、信心以及自主性等。讨论式教学的优势：①促进学生思维的发散，思考多方面的观点；②促进学生处理复杂问题的能力，加强他们的忍耐性和关注度；③促进学生对原有假设的承认和研究；④培养学生的礼貌性和专注性；⑤帮助学生理解不同意见，进行多方面理解；⑥促进学生灵活性的培养；⑦培养学生对相关话题的关注度；⑧让学生感受到他们的想法和体验是被重视的；⑨加强学生对民主讨论相关特点和进程的理解；⑩能够导致思想转变。

总而言之，讨论有助于学生思考多方面的意见，是帮助学生在现有的思考范围内发散思维并多个维度思考的重要方法之一。教师在进行英语教学时，要结合讨论教学方法来加强自身教学的吸引力和趣味性。

（二）语言知识与技能的关系

语言能力包括语言知识和语言技能两个部分，这也是学习语言的重要目标。语言技能的发展要以语言知识为基础，并在听、说、读、写活动中感受、体验和获得相关的知识。中国的英语教学主要注重语法的学习，忽略了语言技能的学习。不过，语法教学在我国英语教学有着重要的作用，其不可以采取填鸭式灌输方式，要使学生大量地接触语言材料，使他们建立对于其中所包含的语言规则的假设，在深入学习。

（三）英语教学中其他关系

英语教学是一项系统工程，具有复杂性，受到很多因素的影响，产生了很多的矛盾，对这些问题和矛盾要通过辩证统一的方法来研究，不能将其对立起来看待，否则就不符合适度原则。

经济全球化发展和科技的国际化历程是新时代的标志，在国际交往过程中，英语已经逐渐发展成为重要的沟通语言，凸显出这门语言的国际地位。英语不应该受到忽视，但是一味追求英语的学习而不好好学习自己的母语也是不可取的。此外，在进行英语和汉语学习时，也不能强调或者夸大汉语在英语学习中的过多不利影响。

中国人以汉语为母语，汉语词汇和汉语的表达是他们擅长和精通的，基础汉语的听、说、读、写是他们必备的能力。英语属于第二语言。学生通过自己的语言知识来对新的语言进行理解和学习的过程称之为迁移。在英语学习的初级阶段这种现象特别的明显，这是由于学生还不熟悉和理解英语的相关语法法则，只能通过汉语的语言进行理解，利用汉语迁移的方法来进行学习。在语言中，英语和汉语是具有许多的共性的，所以中国的学生可以通过现有的汉语知识帮助英语这种新语言的学习。

五、高校英语教学的影响因素

在高校英语教学中，教师、教学内容、学生是教学的基本要素，教学方法将三者联系起来，教学媒体是教学辅助手段，教学环境则为这些要素提供空间条件。

（一）教师

教师作为高校英语教学的重要参与主体，在教学中的作用不可忽视。高校英语教师必须具备扎实的英语理论知识和宽广的知识面，具备良好的英语综合运用能力和较强的英语口头、笔头的表达能力。高校英语教师不仅是知识的传播者，是学生知识的主要来源，还是教学活动的主要组织者和管理者。高校英语教师要对学生的学习活动进行有效的组织、计划和协调，设计出精良的教学活动，选择内涵丰富的教学内容；教学过程中要不断调整教学方法和教学手段，善于激发学生学习兴趣，培养学生良好的学习习惯及学习能力，营造良好的学习氛围和学习环境；还要及时了解学生需求，并根据实际情况不断审视和反思教学；要教给学生语言学习的规律和方法，善于启发学生，培养学生的自学能力和主动获取知识的能力，监控学生学习过程，督促学生自主学习。

高校英语教师还要具备全面的文化素质。高校英语教师的文化素质对英语教学意义重大，只有教师具有较高且全面的文化素质，才能在教学中将文化知识渗透到教学活动中，使学生在语言学习的同时了解各个国家的不同文化，建立起跨文化交流的意识。

高校英语教师的心理素质也是影响英语教学的重要因素之一。作为一名合格的英语教师，性格既要外向，活泼热情，风趣幽默，同时又要沉着冷静。外向的性格特点有助于教师调节学习气氛，激发学生的学习兴趣；而在教学活动中教师应该沉着谨慎，以严谨的态度对待教学。

（二）学生

学生作为高校英语教学活动的主要参与者，学生的英语学习观念、学习策略、学习风格、学习动机等都会对高校英语教学的效果产生重要的影响。

1. 学习观念

语言学习观念是指学习者对语言学习所持有的看法，是学生知识储备体系的一部分。学习观念是影响英语学习效率的重要因素之一，决定着学生的自主学习行为及学习效果。只有在积极、开阔的学习观念之下，学生才会自信有能力学好英语，能够找到有效的学习方法，并获得预期的英语综合应用能力。在语言学习和交际环境中，正确的语言学习观念还能够促进学习策略的使用，使学生找到自己的强项，并懂得在需要的时候寻求帮助，更好地制订学习计划和学习目标。因此，教师的角色绝不仅仅局限于传授知识，更重要的是要关注学生内在的学习心理，以达到促进学生高效率、高质量地学习的目的。另外，学生应逐渐养成自主学习的观念。在学习过程中，教师的行为只是外因，而自身的学习观念对学习效果起着决定性的作用。学生要对英语学习有一个更加清楚的认识，这样才能在学习中进行自我调控和自我评估，制订切实可行的学习计划，逐渐摸索出适合自己的、行之有效的学习方法。

2. 学习策略

学习策略对语言学习有着重要影响，学习策略与英语综合运用能力是相互关联的。成功的学习者总会找到行之有效的学习策略，帮助其掌握更有效的学习方法，并能够根据自身的特点选择和调整学习策略从而适应学习任务。英语学习效率的高低表现在能否灵活地、适当地选择和使用学习策略。正确地使用学习策略能增强学生学习的自主性、独立性和自我调控性。只有对学习策略的功能及重要性有了深刻的认识，学生才可能更主动地在学习过程中运用学习策略。因此，学生应尽可能地通过各种渠道了解所有可能运用到的学习策略，如教师的讲课集体讨论、学习讲座等。在教学中，英语教师不仅应该知道教哪些内容、怎么教，还要了解学生的学习策略使用情况，有效激发学生更有效率地学习。教师还可以结合课堂内容向学生演示如何在不同情况下正确运用不同的学习策略，将策略指导与课堂内容结合起来。教师还应提供足够的机会让学生练习如何运用策略，课后注意观察教学效果，加强沟通，提高教学效果。

3. 学习风格

学习风格是学生在学习情境中对刺激做出反应并运用刺激的一贯方式。学习风格是在个体生理基础上，受特定的家庭、教育和社会文化的影响，通过长期的学习活动而形成，具有相对稳定性，且直接参与了整个学习过程，因而对学习效果有更为直接的影响。

在高校英语教学中，个性化学习已成为大势所趋。每一位学生的学习时间和学习过程都可根据学生自身的情况进行自我调整，以最大限度地发挥学生的潜能，提高学习积极性，从而提高英语学习效率。学习风格是学生个体差异的重要组成部分，更直接地参与了整个学习过程，对学习效果有着持续的重要影响。为此，高校英语教学应注意因材施教，开展个性化教学，针对不同专业背景的学生，教师应有意识地调整教学方法来适应学生的学习风格，优化教学模式，实现真正意义上的个性化教学，从而提高学习效率；应该有目的地帮助学生培养个性化、独立性等有助于产生好的学习效果的学习风格，并帮助学生适应这些学习风格。

4. 学习动机

学习动机是影响学习效率的一个重要因素。学习动机通常有内在动机和外在动机之分。内在动机源于学生对语言学习的浓厚兴趣，而外在动机源于外界影响。外在动机可以转化成内在动机，如开始由于某种外在动机促使学生学习英语，而在学习过程中对英语产生了浓厚的兴趣，以至于在主观上积极地想继续学下去，这样就转化成为英语学习的内在动机。高校英语教学应注重激发学生的内在学习动机，引导他们把学习目标放在提高英语综合运用能力上，以能够自如地与人交流为目的。教学中要发挥教师的主导作用和学生的主体作用，激发和保持学生对英语学习的兴趣。要把学习的主动权交给学生，让他们能够参与到整个英语教学过程中，在参与中获得快乐，在快乐中获得语言能力，从而主动持续地提高学习效率。

六、高校英语教学的基本内容

教学内容是指在教学活动中为实现教学目标，师生共同作用的知识、技能、技巧、思想、观点、概念、原理、事实、问题、行为习惯的总和。教学内容是学生认识和掌握的主要对象，是教师和学生进行教学活动的重要依据。根据教育目标，选择并确定教学内容，制订课程计划、课程标准，编制教科书，在教学过程中发挥师生的主动性，活化教学内容并使学生有效掌握，是保证高质量人才培养的重要前提。高校英语教学不仅要让学生掌握语言知识和语言技能，还要让学生掌握学习策略，养成积极向上的情感态度，具备一定的文化素养。

语言知识是综合英语运用能力的组成部分，也是语言学习和语言运用的重要内容之一。高校英语教育阶段的学生应该学习和掌握的英语基础知识包括语音、词汇、语法、功能和话题等内容。语音、词汇和语法（语言形式）体现在一定的话题中。学生在运用语言时，除了要具有话题知识，还应掌握语言形式在一定话题中所具有的功能。学生在学习和运用语言时必须熟练掌握听、说、读、写译五项基本语言技能。通过大量听、说、读、写、译的专项和综合性语言实践活动，学生可以培养语言的综合运用能力，为真实的语言交际奠定基础。

在英语教学中教师要有意识地帮助学生形成适合自己的学习策略，对自己的学习过程、学习效果进行反思，培养学生根据学习风格不断调整学习策略的能力，并引导学生学会观察他人的学习策略，同时通过与他人交流学习体会，尝试不同的学习策略。

学生在学习过程中往往受到价值观、意志、理智、动机及教师的人格、态度、情感投入、教学风格等各种情感因素的影响。因此，教师在英语教学中有责任和义务关注学生的情感，帮助学生培养和发展积极向上的情感态度，不断激发学生的学习兴趣，引导学生将兴趣转化为稳定的学习动机，树立自信心，正确认识学习中的优势与不足，培养乐于与他人合作的品质，养成和谐与健康向上的品格。

在英语教学过程中，教师应介绍文化背景，根据学生的年龄特点及认知能力向学生传授文化知识，并逐步扩展文化知识的内容和范围；教师还应促进学生在学习其他优秀文化中更好地继承、发扬我国的优良传统。

七、高校英语教学的环境类型

高校英语教学环境是由多种不同要素构成的复杂系统，总体而言，可将教学环境分为以下两方面：

第一，社会环境。社会环境主要是指经济发展、科技水平、人文精神、社会群体等对英语学习的态度以及社会对英语的需求程度等。社会因素是影响和制约英语教学的重要因素。英语教学中大纲的制定、课程标准的设置都需要以符合社会对于英语人才的需求等为依据。社会环境因素对教学具有导向作用，是英语教学前进的方向。

第二，学校环境。学校是为学生提供学习环境和学习手段的最佳场所，学校环境对英语教学的影响是最重要的也是最直接的，它决定着多数学生英语学习的成败。学校环境主要涉及课堂教学、班级大小、教学设施、教学资料、英语课外活动、校风班风和师生关系等。学校教学质量的好坏、管理水平的高低以及硬件设施的完善与否对英语教学起着关键作用。良好的教学设施，如图书馆有助于增强学生的自主学习意识；一些语音教室和多媒体设备可以为学生学习英语提供必要的技术支持，学生可以通过语音教室等提高自己的口语、听力水平，有助于激发学生的学习兴趣。定期邀请英语专家做专题报告，向学生推荐并提供原版英文书籍、报纸、杂志、英语名著等读本，可以增进学生对英语文化的了解，扩大他们的知识面和阅读范围。组建英语学习协会，开展英语课外活动，举办"英语角"等，让学生在校园环境中随时、随地都能感受到英语，从而形成课外英语环境。

八、高校英语教学的模式分析

（一）内容型教学模式

1. 内容型教学模式的语言观

20 世纪 80 年代以来，内容与语言融合学习法（CLIL）受到关注，以沉浸式教学（Immersion）和内容型教学模式（Content-Based Instruction）为两种最具代表性的教学范式。

内容型教学模式与交际法具有相同的心理学和语言学理论基础，是交际教学法的一种。与交际法不同的是，内容型教学模式关注学习输入的内容，主张围绕学生需要掌握的课程组织语言教学。因此，可以将内容型教学模式定义为：一种主张围绕学生所学的学科内容而展开教学的交际语言教学形态。它强调围绕学生需要获得的内容或信息，而非语言或其他形式的大纲组织教学，以达到内容教学和语言教学互相促进、共同提高的目的。内容型教学模式的语言观主要有以下内容：

（1）语言是一种获取信息的工具，而信息是在语篇中建构和传递，因此，语言教学要以语篇为基础。

（2）在现实生活中，听、说、读、写四项技能是不能分开使用的，语言教学也应把四项技能综合起来培养。

（3）语言的使用是有目的的，学生在学习过程中要清楚所学语言材料的目的，并使之与自己的目标联系起来。内容型教学模式强调关注语言技能以外的能力和素质，因为语言本身是一个符号系统，是一种排列组合，本身的深度和美感来自"运载"的内容。

2. 内容型教学模式的原则

关于学习理论，内容型教学模式有一个核心观点：语言学习不局限于语言本身，而是作为一种了解信息的途径，语言学习才能成功。这个核心原则衍生出以下四个重要内容：

（1）当所学习的内容被认为有趣、有用且能够指向预期目标时，学习的语言习得才能成功。因此，增大学习效果，必须要加大学习内容与学习者的实际需要联系。

（2）对于内容型教学模式所依托的学习材料，某些领域更有优势。例如，地理学科通常被认为最适合与语言学习相结合。主要是因为地理学科自身的特点：①地理学科有高度的视觉性、空间性和情境性；②地理学科需要使用地图、图表、模具等辅助材料；③地理学科在开展教学时，需要使用大量描述性语言。

（3）有针对性地教学，才是好教学，符合学生需要的教学，才会取得好效果。内容型教学模式强调学习的内容要有针对性，必须符合学生的需求。尤其在有特殊用途或学术用途的培训课程时，更要充分考虑学生具体的行业需求或学术需求。

（4）教学要在学习者已有经验之上进行。教学要充分考虑到学生进入课堂时已经具备一定的学科知识。

3. 内容型教学模式的内容

内容型教学模式的倡导者开发了多个中国企业品牌竞争力指数（CBI）项目，探索出多种教学模式，并将内容型教学理念描述成一个连续体，一端是内容驱动型教学（content-driven），另一端是语言驱动型教学（language-driven），在两极之间存在多种教学模式，使语言与内容有着不同权重，见表1-1。

表1-1　CBI教学模式连续体

内容驱动型	→	保护式教学	←	语言驱动型
沉浸式教学	部分沉浸式教学	保护式教学	附加式教学	主题式教学
完全用二语为媒介教授学校课程	主要用二语为媒介教授学校课程	由学科教师教授课程，但学生均为二语学习者	专业课加语言课	围绕学生感兴趣的主题进行教学

在完全和部分沉浸式教学过程中，内容是主导，二语是媒介，正规的学校课程是教授内容。它的有效性更多地取决于学生对内容的掌握，而语言的掌握是一个副产品。保护式教学的授课对象是非本族语者，由学科领域专家担任教师，但在授课过程中需要关注学生的外语水平，调整教学话语使教学内容更容易被学生理解。

此外，教师还需要选择适合于学习者难度的教学材料，并根据学习者的语言能力调节课程要求。附加式教学强调语言学习和内容学习同等重要，附加式教学中的语言和内容融合可以通过团队合作实现，即语言教师负责学术读写等语言技能，内容教师则负责学术内容的讲授。主题式教学通常在二语或外语教学情境中进行，课程大纲围绕主题或话题，如环境污染、妇女权益、医药卫生等组织，最大限度地利用内容传授语言技能。偏向于内容驱动型的教学模式要求学生具有中级或更高的语言水平，以及相关的学科内容知识；偏向于语言驱动型的教学模式与传统的语言教学更为相似。

内容型教学模式秉承"做中学"的教学理念，鼓励学生进行自主学习、合作学习和体验学习，要求学习者扮演积极的角色，积极地理解输入材料，有较高水平的歧义容忍度，愿意探索新的学习策略，多角度阐释口头或书面语料。学习者可参与学习内容和活动方式的选择中，为学习内容提供资源。学习者要对内容型教学有十足信心，积极适应新的角色，成为一个合作型的、参与型的自主学习者。

内容型教学模式下，教师应该兼具语言和专业内容两项专长。这是一个巨大的挑战，因为教师可能是语言专家或某个学科领域的专家，但在这两方面都擅长的人可能少之又少。一个成功的 CBI 教师，必须具备下列知识和技能：学科内容知识、学科教学技能、外语知识、外语教学技能、教材的开发和选择、教学评估等。相应的，CBI 教师集多种角色于一身：需求分析者、课程设计者、教材编选者、合作者、研究者、评估者等。

内容型教学模式通常选择真实语言材料作为教材。这个真实性一方面指本族语学习者所使用的教材；另一方面指源于报纸或期刊文章，并非为语言教学目的而编写的材料。与真实性相矛盾的是，内容型教学模式还必须考虑学习者的语言水平，教材要具有理解性，因此，对教材进行一定程度的语言简化和冗余的解释也是必要的。总而言之，教学材料既要具有真实性，又要具有可教性。

内容型教学模式的优点在于：首先，语言的形式、功能和意义没有被分裂开来；学生的动机增强、兴趣提高且确保了对认知有较高要求的课堂活动，从而丰富了学生的认知发展。从早期的专门用途英语课程到沉浸式课程，内容型教学模式已经被应用到各个层次的语言教学项目中，如高校生外语课程、商务外语课程、职业外语课程等。然而，内容型教学模式在应用中也存在一些局限性。最突出的是师资问题，兼具语言知识和学科知识的教师非常匮乏。其次，内容型教学模式在多大程度上可以帮助学生发展其语言技能，因为学习者会首要关注学科内容的掌握，而忽略语言使用的准确性。鉴于学习者需求的多样化，很难开发市场化教材，会导致教师花费大量时间甄选材料，还有评估方面的问题，是评价学生对学科知识的掌握，还是评价学生的语言能力。

（二）交际教学模式

英语教学水平和研究水平的提高，既得益于语言学理论研究的进步，也是人们进一步认识语言本质的结果。人和人之间交流的是语言信息，语言属于信息系统，也是人类在交际过程中必不可少的工具。有交际才有语言。语言教学的目的不仅在于提高交际能力，还在于解决交际问题，因为语言要实现的第一个功能是交际性。大部分语言教学理论都认为让学习者具备良好的语言交际能力，才是语言教学的目标。因此，交际才是大学英语的教学方向，即在交际过程中提高学生的口语运用能力。

在大学英语教学中，策略能力、语法能力、话语能力和社会语言能力都属于交际能力范围，要求学生掌握。这些要求学生不仅具备一定的交际手段和良好的语言表达能力，还要求他们掌握一定的交际规则。人们常用口语和书面语两种语言交际方式，而口语和书面语正是这两种交际方式存在的区别。书面语能力通常指外语交际能力，但无准备性、对可视情景的依赖性、交际的直接性、手势及面部表情的使用性、相对独立性等，又是外语交际能力具备的特征。因此，口语交际本身的特征比较特别，但在交际时则强调互动性。

1. 交际教学的原则

教学的场景和内容、学生和教师共同构成英语口语交际教学系统。教学信息通过这些构成要素，实现在教授系统和学习系统之间的切换，因此也推动这个系统的发展。信息在口语交际教学过程中并不是一直存在，师生在这个过程中要遵循相应原则，并且创造良好的交换环境。

（1）平等原则。交换和传递信息的人都是参与口语交际教学的主体，而且他们都是有意识且具有能动性，其实是交往活动。他们在这个活动中始终保有积极状态，也说明这个过程并不是强制性的、没有互动的单边活动，而是主体之间始终有交流的双边活动。

保证教师和学生之间实现平等，教师要始终以学生为中心，让学生成为课堂活动的主体。首先，在口语交际教学过程中，教师应及时鼓励学生，让学生发挥自身具备的资源优势，与教师共同进行信息的交流和沟通；其次，在教学活动过程中，教师应充分意识到学生群体是充满了充沛的情感和无限的个性，每个学生在人格、语言表达和认知方式上都存在不同。教师要做的是对学生自身具备的情感和人格给予充分尊重，才能让公平和平等出现在口语交际教学活动中，也是双向或多向交往的前提。

在口语交际教学活动过程中，教师要始终以学生为中心，保证学生在交际活动中的主体地位。教师也要让自己成为平等的参与者，而不再是活动中的长者和尊者，实现师生间的平等交流。

（2）互动原则。口语交际的重点在于交际，双方在交际过程中的沟通都是以口头语言为主。因此，"交际"应该和听说一样，成为口语交际教学的重点，让课堂教学中的信息实现双向互动或是多向互动。

（3）意义原则。意义是交际教学法的核心，因为人们在用英语沟通的过程中，重点并不在于语言的正确与否，而是在于意义的传达是否到位。教师在进行交际教学时，尽量不要对学生在语法上出现的每一处错误都给予纠正，而是应该增加容忍度。教师应意识到，无论是语言学习，还是其他学科的学习，都是在错误中取得进步。

2. 交际教学的应用

（1）掌握"听话"技巧。"听"是口语交际的重要组成部分。交际的双方可以选择和调整自己的说话方式，却不能改变别人的说话方式，无论对方是怎样说的，从交际和沟通的角度讲，都要求听话者能听懂。在课堂教学中，学生要听教师的讲授、回答教师的提问，倾听同学的发言，这些都要求学生掌握"听"的技巧。因此，口语交际教学首先要教会学生成为一名合格的"倾听者"，只有听清楚、听明白，才能提高说的质量。此外，从心理学角度分析，"听话"能力的结构包括敏锐的感知力、高度的注意力、快速的记忆力、深刻的理解力、正确的品评力、丰富的想象力。因此，训练学生的"听话"能力，应从这些方面着手。

（2）掌握"说话"的技巧。听和说在口语交际过程中不可分离。说话的目的不仅是为了传达信息，还是为了表达思想。成功的口语交际需要高超的说话技巧，而说话技巧也体现在说话的连贯性上。具有功能交际特征的活动如下：

第一，简短对话活动，交际能力发展在很大程度上取决于学生进行简短对话的能力，如对各种话题（如天气、赛事、度假、交通状况等）都可以进行讨论。从表面上看，这些简短的对话是没有任何意义的，但是他们对创造社交氛围起到至关重要的作用。因此，学生应该掌握基本的简短对话技巧。简短的对话可以是两个人，也可以是多个人，所谈论的话题可以是一个，也可以随时转换，但都是以简短为宜。

第二，描述活动。所谓描述活动，指教师让学生描述具体的事物或者现象，目的是促使学生学会如何以段落的形式运用和理解目标语。另外，描述活动还能够锻炼学生的逻辑思维能力，可以帮助学生更好地完成交际。

第三，角色扮演活动。课堂的时间非常有限，因此角色扮演或者模仿活动成为教师创建多元化社会语境，反映更加多样化社会关系的重要技巧。例如，教师可以设计与社会交往相关的角色，如学校、家庭、朋友见面的场景，也可以设计学生暂时用不到但以后会用到的如订酒店、旅馆等场景。总而言之，活动的设计可以从简单的交际事件一直延伸到较复杂的交际事件。

第四，猜词活动。对句子的掌握和运用是培养学生交际能力的起点，学生必须掌握句子的基础知识并且能够灵活运用句子。教师可以利用猜词活动为学生提供锻炼口语的机会。

（三）任务型教学模式

任务型教学模式自 20 世纪 80 年代产生以来一直备受瞩目。任务型教学模式将"任务"置于课程规划的核心地位，认为学习者通过完成特定的课堂任务而习得外语，并将交际法语言教学重塑为基于任务而不是基于语言的交际法教学大纲。任务型教学模式以具体的学习任务为学习动力或动机，以完成任务的过程为学习过程，以展示任务成果的方式体现教学效果的教学方式。

任务型教学模式重视学习过程，在传统语言知识教学基础上，着重培养学习者的两种能力，即交际能力、综合运用语言的能力。任务型教学模式认为语言是一种工具，用于表达思想、交流情感、解决问题；语言学习不能只依靠以形式为中心的机械训练，而要依靠语言的使用。

1. 任务型教学模式的理论发展

任务型教学模式的理论基础是俄罗斯心理语言学家维果茨基的语言和学习理论，该理论强调语言学习的社会性以及教师和学习者对促进个体学习的重要作用。语言的获得，先是人与人之间相互作用的结果，然后才转变为自己的知识。学习是一种有社会真实性的协同努力，其中"师生"共同参与有明确目标导向的互动性任务。

任务型教学模式的理论依据还包括互动假说、输出假说、有限容量假说和认知假说等。互动假说强调语言习得中的互动，即意义协商，在二语习得中起到决定性作用。意义协商是当沟通理解发生困难时，交谈的双方必须依据对方理解与反馈，进行诸如重复、释义、改变语速等语言上的调整，从而使输入变得可理解。互动假说关注选择性注意和负面反馈在语言习得中的作用。

输出假设提出对输出的关注可以促进二语习得，给学习者提供语言输出的机会是语言发展的关键所在。在目标语输出过程中，学习者会注意到"知"与"不知"，"会"与

"不会"之间的距离，进而了解自己对外语的掌握情况。输出还为学习者提供了在运用中尝试新语言的机会，并对外语的结构形式进行反思。

有限容量假说指在注意力有限而需要关注的语言侧面不止一项（例如语言精确度、语言复杂度、语言流利度）的情况下，学习者会进行优先排序，将注意力更多地投入某一项中。

认知假说是基于一语习得提出的。在一语习得的发展过程中，概念化发展为其创造了条件。

"任务"对二语习得过程产生促进作用主要包括：①任务能提供意义协商和理解输入的语境；②任务能就学习者的输出提供吸纳纠正性反馈的机会；③任务能提供整合内化修订过的输入机会；④任务揭示自身输出与源输入之间的差距；⑤任务的认知要求将学习者注意力集中到特定形式上，促进语法化过程和输出的精确度；⑥认知要求较低的任务可以促进自动化过程和输出的流利度；⑦认知要求较高的复杂任务可以促进句法化程度和输出的复杂度；⑧任务的认知要求能促进概念化重塑；⑨任务排序能强化记忆；⑩以上情况必须建立在具体的交际语境之上。

综上所述，任务型教学模式研究发展的轨迹，起初人们关注如何互动和意义协商，从而加强输入的理解；现今，人们更加关注如何使输出的意义和目的语的言语更为一致。

2. 任务型教学模式的特征分类

对任务特征分类的研究主要考查哪些特征对互动和习得最有影响力，以利于教学任务设计。对此，可以根据语言的复杂性、认知的复杂性和交际的紧张度划分任务的难度，也可以从输入（input）、任务条件（conditions）、认知加工过程（processes）和任务目标（outcomes）等四个方面描述任务特征。

（1）输入包括四个变量：媒介、语言复杂性、认知复杂性和信息熟悉度。

（2）任务条件包括三个变量：参与者关系、任务要求、完成任务所涉及的话语模式（对话或独白）。

（3）认知加工过程指完成任务所涉及的认知加工层次，从信息交流到进行推论，再到进行观点的交锋。

（4）任务目标包换三个变量：媒介（通过图画、口头或书面语展示结果）、任务结果是开放式的还是单一的解决方案、任务结果所涉及的语篇模式（描写、叙述、分类、指示、辩论等）。

任务难度是一种主观因素，主要因为二语学习者存在个体差异，主要涵盖情感和能力两个维度。任务复杂度是一种客观因素，是由任务对学习者的认知加工要求决定。任务复杂度与学习者个人能力无关，只与任务本身的结构和设计有关。因此，对不同学习者而言，一项既定任务具有不同的任务难度和相同的任务复杂度。

将任务复杂度进一步细分，可以分为"资源导向"和"资源分散"两个维度。在完成二语任务过程中，两个维度对学习者注意力资源的分配产生截然不同的影响。在资源导向维度上增加任务复杂度，能够将学习者的注意力资源导向特定的语言结构和形式，使产出的语言更加准确和复杂。在资源分散维度上增加任务复杂度，则会消耗学习者更多的注意力和工作记忆（working memory），使学习者分配给语言形式的注意力资源相对减少。学习者可以调用多重注意力资源，任务复杂程度的提高也有可能使学习者的表现得到提升。因此，学习者对形式和内容的关注并不一定是矛盾的。

任务型教学模式分为真实任务和课堂教学任务两种任务类型。真实任务是根据学习者需要，模拟真实交际而设计的演练任务。例如，学习者有"假期出游计划"，则需要进行目的地的决定、预订航班、选择旅馆、预订房间等一系列演练任务；学习者有"申请高校"的需要，则需要进行写申请信、回复信件、咨询经济资助、选择课程、电话或网络注册、支付学费等一系列演练任务。课堂教学任务不一定能反映真实交际，而是根据二语习得研究设计的语言学习任务。

任务型教学模式以教学的角度分为六种任务类型，包括列举、排序、比较、解决问题、分享个人经历和创造性任务。其中，创造性任务比较复杂，一般来讲，完成创造性任务时可以拆分成几个阶段，必要时还要进行前期、调查。

从认知角度可将任务型教学模式划分出三种任务类型：①信息沟任务（information-gap activity），指对所给信息进行由此及彼的传递，由一个人传递给另一个人，或形式上的转换（如将文字信息转换成图表），或时空的转换，涉及对语言的解码和编码；②推理沟任务（reasoning-gap activity），指根据所给信息，通过推理、演绎，或对关系、模式的识别等过程，推导出新的信息，如根据班级课表推导出教师课表；③观点沟任务（opinion-gap activity），指针对所给情景，明晰表达个人喜好、感受或所持态度，如续编故事、参与讨论等。这类任务的结果通常是开放式的。

任务型教学模式的三个步骤：①任务前活动（Pre-task）；②任务环节（Task-cycle，包括任务、计划、报告）；③任务后活动（Post-task，包括聚焦于语言形式的分析和操练）。根据我国国情，任务教学的课堂教学程序分为五个阶段，即任务的设计、准备、呈现、开展和评价。任务型语言教学途径不是一种教学方法，而是一种教学思想。在实际运用中，任务型教学的操作方式根据任务的难度不同而不同。一些简单的任务可能只有一两个步骤，而一些复杂的任务则需要划分不同的阶段进行。

在任务型语言教学中，教师有着多重角色，在选择任务并决定任务顺序时，教师是选择者和决策者，要充分考虑学生的需要、兴趣和语言水平；在引导学生进行完成任务的过程中，教师是组织者、协调者、参与者、评价者等；在学习语言过程中，教师还要扮演本职角色，负责培养学习者的语言意识。在完成任务的过程中，学生则是参与者，参与整个活动；学生是探究者，观察自己和同伴的表现；学生是监控者，监控自己和同伴使用语言和学习策略的情况；学生是发明者，尝试用最好的办法解决问题。

任务型教学模式自诞生以来，已经被广泛地运用于全世界语言课堂中，"任务"已经成为许多教学流派语言教学主流技巧的一部分。在实际教学过程中，以"任务"为基本单位组织教学，还存在一些问题，如任务选择、任务排序、任务评价等仍需进一步探讨。通过分析亚洲语境下任务型语言教学的相关研究，可以看出任务型教学模式在亚洲语境下的实施存在一定困难，因为它与亚洲的文化语境、语言教学的传统观念及语言教学条件的限制等存在一定冲突，研究者建议在实施该教学法时，应结合亚洲的社会文化进行折中化和本土化，并致力于构建课堂内外自然与真实的语言实践环境。

综观外语教学史，人们起初致力于找寻一种最佳的方法，于是出现了流派繁多、异彩纷呈的局面。至20世纪七八十年代以来，交际语言教学成为普遍接受的一种理念，在教学方法的探讨方面不再追求独树一帜和独特效果，而是采取折中主义的态度，并且逐渐出现"再谈方法已显过时"的趋势，人们已经进入"后方法时代"，外语教学成功与否的关键不在于采用或设计何种方法，而是如何适应不同的需求以产出最满意的学习效果。通过后方法时代的"宏观策略框架"，可以在宏观上确定大体方向，留给教师更大的创造空间，设计出符合特定社会文化情境、特定学习者群体的微观课堂。这些宏观策略包括方面：①使学习机会最大化；②促进协商交流；③使感知误解最小化（指教师意图和学生领会之间的差距）；④采用直觉启发式教学；⑤培养语言意识；⑥将语言输入语境化；⑦培养综合语言技能；⑧倡导自主学习；⑨增强文化意识；⑩确保社会相关性。

九、高校英语教学的媒体技术

随着科技的发展，尤其是信息技术和数字化声像技术的发展，多媒体应运而生。网络教学、多媒体教学等成为新的英语教学形式。互联网的英语教学组织逐渐增多，国际交流日益增加，这些都提高了英语教学的效率及教学质量，成为英语教学中的重要教学媒体。

网络英语教学实现了适应学生个性的教学：通过网络发布课程内容，学生可以通过网络学习英语、完成作业、参加考试；学生可以在网上参加英语教学有关内容的讨论、向教师咨询等。多媒体课件具有动态性，能集成文字、图像、影像、声音及动画，具有良好的交互性。学生不仅可以听到地道的语音、语调，还可以直接看到对话的情景以及说话人的表情、动作、神态等，从而有利于学生理解吸收与模仿所接触的语言，对培养学生的学习兴趣和提高英语素质都具有积极的作用。

总而言之，多媒体技术为英语教学提供了与讲授内容相关的丰富生动的语言学习和实践环境，不但使学生在多媒体所创造的交际环境中相互感染、相互学习，逐步提高自己的语言能力，还可以提高学生对英语学习的兴趣。

十、高校英语教学的发展趋势

（一）语言教学整体化发展

整体语言教学强调语言的整体性，认为语言环境、词、句、语言规则等语言要素的有机结合构成了语言整体，形成丰富多彩的语义和一定的语言功能；它强调口头语言（听、说）和书面语言（读、写）之间的互动性及内在联系；认为只有当学生认识到语言整体时，他们才能认识语言的本质。因此，在外语教学中，应先让学生在教师的启发下看到整体，然后逐步掌握教学内容，并且每一部分的学习都应有意义。整体教学法的优势，主要有以下方面：

（1）整体语言教学有利于培养学生运用语言进行交际的能力。传统的教学法把教学的重点集中在词义解释和句子的语法结构的分析上，这种教学法有利于提高学生的语言基础知识，但不能有效地提高学生的语言交际能力。整体教学法主张以语篇为单位组织整体教学，词不离句，句不离篇，语言不脱离一定的语言环境，这样能更能让学生认知语言，培养语言交际能力。

（2）整体语言教学有利于学生积极主动地学习，逐步形成以学生为中心的课堂教学，从而激发学生学习英语的主动性和积极性。

（3）整体语言教学有利于创造一个和谐、自然的语言环境，让学生沉浸在交际的情景之中，为提高听、说能力打下坚实的基础。在整体语言教学中，教师可根据教材的内容来开展一系列的个人和团体活动，让学生置身于语言情境，从而达到培养学生交际能力的真正目的。

（4）整体语言教学不仅为提高学生听、说、读、写能力打下扎实的基础，而且有利于培养学生分析问题、解决问题和运用英语交际的能力。

（二）教学内容综合化发展

教学内容的综合化是指外语教学内容，不仅要包括语言知识和各种技能的综合教学，而且要包括社会文化知识和学习策略等方面的教学。形成这一趋势的原因，主要有以下方面：

（1）语言与社会文化紧密联系。关于语言与文化的关系：一方面，语言是文化的主要载体，文化体现在语言之中；另一方面，语言与文化互为条件并互相依存，它们在互相影响与互相作用中共同发展。

（2）学习策略研究的兴起。很多有经验的高校英语教师从分析学生的成绩中认识到，第二语言学习的成效与学习策略有关。除了主观努力与才能外，第二语言学习成绩优秀的学生一般都有适合自己特点的学习策略。例如，第二语言学习成绩优秀的学生一般都能有意识地利用实践的机会，积极、准确地猜测，同时控制自己的学习情绪，努力掌握语言的意义和结构，注意自己的语言表达等。

综合语言运用能力的形成建立在语言技能、语言知识、情感态度、学习策略和文化意识等素养整合发展的基础上，这五个方面共同促进综合语言运用能力的形成。语言知识和语言技能是综合语言运用能力的基础，文化意识是整体运用语言的保证，情感态度是影响学生学习和发展的重要因素，学习策略是提高学习效率、发展自主学习能力的前提条件。这五个方面共同促进综合语言运用能力的形成。

（三）教学模式多元化发展

多元化的高校英语教学模式和功能定位，符合当今社会和时代的需要。"工具性"作为外语内在的核心属性，这是高校英语教学的出发点。但是，随着专业人才培养要求越来越高，"学术英语"或"专门用途英语"也应该给予重视。不同地区、不同层次的学校和不同水平的学生对高校英语教学的需求是多元化的，因此，高校英语教学功能也应该是多元的，以适应不同地区、不同层次高校、不同层次学生的需要。高校英语教学的各种功能定位相辅相成、互为补充。对高校英语教学的定位决定了高校英语教学体系，包括多元化的教学大纲、课程体系和多元化的教学模式，以适应新的历史条件下高校英语教学的发展。

（四）英语教师专业化发展

高校英语教师作为教学改革的践行者，必须通过学习提高自己的业务素质，才能在思想上和行动上跟上形势。教师专业化发展已逐渐成为外语教学领域的一个热点。教师发展不再局限于教师教学技能的提高，而更加强调教师自身的信念、知识、反思能力的提升。越来越多的教师意识到自己应该不断反思自己的教学行为，评估自己的教学成果，开展行动研究，在此基础上形成并完善自己的信念体系，为教学提供更为科学、更加有效的指导。

因此，高校英语教师需要不断学习和发展课堂教学所需的交际能力以及交际活动的组织管理能力，提高计算机应用能力和多媒体课件制作水平。同时，习惯了长期形成的教法定式的教师遇到了角色转型和方法创新的挑战。在自主学习环境下，教师不仅是管理者、组织者，而且是辅导员、评估者、教材开发者、观察者和研究员等多重角色，这就需要高校英语教师更新观念，改进教学。为此，高校英语教师应该做到以下方面：

1. 树立终身学习理念，确定专业发展目标

终身教育是构成所有教师培养计划的必然要素。在高校英语教学任务日益复杂化、教学目标多元化、教学手段多样化的教学背景下，无论是内在还是外部动机的驱动，高校英语教师都应树立终身学习理念和计划，确定专业发展目标并制订具体计划逐步付诸实施。同时，注重促进外部动机向内在动机的转化。教师专业化自主发展的核心观念里，实践性和自主性则是关键部分。能否发挥主观能动性，主动进行反思是决定教师自身专业发展水平的重要因素。

2. 进行教育行动研究与反思性教学

所谓教育行动研究是指教师在教学过程中，对自己的教学观念、所采用的教学方法以及由此产生的教学效果进行反思，在反思中重新审视自己的教学观念，探讨、研究和改进教学方法，以达到进一步提高教学效果和更新教学理念的目的。行动研究是教师自我反思的最高境界，它是在自我探索和协作发展的基础上，把自己的反思系统化并提高到理论的层次。从初步的反思成长到实施自己的行动研究，是教师自身专业发展的明显标志，同时也成为自己终身发展和进步的保障。开展教育行动研究不仅能系统地反映反思性教学的特点，而且易于操作，对提高教学质量和促进高校英语教师专业化发展效果明显。

反思性教学是教师在教学实践中对自己的教学实践和教育教学理论，进行内省或批判性反思的过程。在这个过程中，教师不断优化和完善自身的教学理念、方法和策略，从而

加深对教学活动规律的认识和理解。反思性教学是教师自我发展的有效途径，教师的教学行为是其素质的外在形式，教师的专业知识、教育观念、教学态度、评价手段等又必须通过教学行为来体现。

反思性教学的核心概念是批判性反思，能使教师从感性和常规性的教学活动中解放出来，以不断更新的符合教学活动规律的教学理念指导教师的教学行为和实践。反思性教学能给教师的专业化自主发展提供强大的推动力。在教学实践中进行反思性教学的手段有很多，例如，写教学日志、听课与观察、观看课堂录像、教师互评、与同事交流等。

3. 建立专业化学习共同体

高校英语教师的专业化发展要通过互助合作。教师间开展互助合作的方式有很多，常见的开展教师学习共同体的教学活动主要有经验教师示范课、教学心得交流会、点评一节课、课题研究、项目合作、集体备课等。教师学习共同体的建立，不仅有利于教师教育监控能力的发展，而且可使教师有机会与其他教师密切交往、互相学习、保持良好的人际关系，从而有益于教师的身心健康和专业提升。建立高校英语教师学习共同体应持之以恒，立足教学、科研实际。

此外，共同体的发起者、组织者和推动者应对此项工作的重要性和必要性有前瞻性的认识。相互信任、相互支持、积极合作、资源共享、持续探索的集体文化和学习共同体，有利于全体教师特别是青年教师的专业发展。教师发展的过程是教师在教学实践中不断学习、反思、探索和实践的过程。在学校和教育机构创建专业化学习共同体，建立积极、合作、相互支持的同事关系，是教师持续发展的重要条件。除在本校教师间展开互助合作外，高校英语教师还应积极加入外语教育组织，通过参加学术会议和相关活动加快自身专业化发展的进程。

4. 提高应用语言学理论素养

英语作为高校英语教师进行语言教学的媒介，在有效组织课堂教学、对学生进行高质量语言输入、激发学生的外语学习动机和兴趣方面发挥着重要作用。随着任务型教学法、交际法等强调培养学生语言交际能力为目标的教学方法，不断走进高校英语课堂，新的教学目标和教学方法对高校英语教师驾驭外语能力的要求不断提高。因此，高校英语教师应保持清醒的认识，并在日常教学中通过不断学习来提高自我的语言交际能力。

5. 加强信息化教育技术能力

高校英语教师自身有扎实的语言基本功是不够的，他们更需要的是对现代教育理念的理解，对应用语言学、教育心理学和课堂教学管理的基本把握，以及调动学生学习兴趣和培养其自主训练的能力。教师培训的内涵已从单纯的英语业务进修提升到教师发展的高度，涵盖高校英语教师职业道德、教学理念、业务素质、现代教育技术的使用等内容。因此，为确保高校英语的教学质量和教师专业化发展，高校英语教师应通过自我学习和专业培训来不断提升自身的教育信息技术能力。

第二节　国内外实践教学研究现状

下面以高职英语教学为例进行具体探讨。

一、国内实践教学研究现状

随着近些年我国教育教学改革的不断深入，实践教学理念被越来越多的职业教育工作者所关注，并将其理念融入实际教学活动中。例如，在由清华大学出版社出版，俞仲文所撰写的《高等职业教育教育实践教学研究》一书中，作者以自身教学经验为研究依据，重点讲述了高职实践教学中各个环节的重要教学要素，并大胆提出了未来高职实践教学的发展方向。结合当前高职院校教育特征提出了相关的实践教学建设方案，并以系统论理论为指导。此书作者从不同层面与角度，对当前高等职业院校所开展的实践教学活动进行了综合性分析，为目前我国高职英语实践教学活动提供了重要的参考。但从某种意义上来分析，其相关研究理念缺少一定的研究深度。对于高职实践教学的学术研究虽然较少，但实际教学工作中其相关教育工作者对于实践教学非常重视。

第一，在开展高职英语教学过程中，需要将理论知识与实践进行有机结合，才能够让高职学生的知识与相关技能得到最大化的融合。因此，高职英语实践教学对于高职英语教学有非常大的促进作用。通过实践教学还可以对其教学理论进行验证，并能够切实地提升其学生的专业技能，对所需要学习实践生产进行全方位的感知。对于此观点，孙志春发表于《中国职业技术教育》的论文《实践教学体系的构建与实施——以高职汽车检测与维修技术专业为例》中有所提及。而且在其文献中，将实践教学进行了阶段划分，并将这种教学理念渗透到了整个教学过程中。通过这种阶段性教学，高职学生可以在课堂教学中学习到相关的理论知识以及技能理论，同时还可以从中获取到社会生产中实践技巧。让高职学生综合素质得到更高一级的提升。

第二，从高职英语课堂知识学习来进行分析，需要高职学生通过课堂学习来构建基本的英语知识结构，并掌握运用英语知识的能力，通过在专业技能实践中运用英语知识来提升自身综合素质，为其进入到岗位工作奠定基础。对于此观点，吴志柳发表于《漯河职业技术学院学报（综合版）》的论文《高等职业技术教育实践教学涵义探析》有着非常详细的分析。并在其研究中提出了想要促进学生利用社会生产活动开展相关知识学习，需要在教学过程中，为学生营造相应的教学情景，在所模拟的教学情景中可以让职业院校学生对未来的工作环境进行了解，从而有利于提高职业院校学生的工作能力。

第三，从我国现阶段职业人的角度来分析，在高职英语教学中开展实践教学，由于受到传统职业教学的影响，导致职业人教育没有得到更好地落实。没有在英语教学中以全方位的实践教学来突显出职业教育的特点。同时，当前的高职英语教学对于实践教学理念以及在实际教学活动中的应用并不关注，从而造成了高职英语实践教学本体性目的和追求都没有得到很好的体现。谢兴，李国兵发表于《佳木斯职业学院学报》的论文《高职院校"工学一体、校企合一"培养模式构建——以酒店管理专业为例》中对上述观点进行了详细的论述，并提出了高职英语实中教学应该以"综合职业素质"为实践教学的逻辑起点，并针对学生个性发展以及个性实践能力为前提，加大对高职学生综合职业素质的培养。

对于英语实践教学理论的学术研究而言，高职教育改革已经将实践教学列为职业教育主体。想要提高高职院校学生职业技能，需要以实践教学为基础，并以其教学模式来提高职业院校学生的综合素质。对于当前部分职业院校而言，已经形成了一定的办学特色以及教学模式，但依然需要借助发达国家实践教育的经验，结合当地经济发展特征，构建具有特色以及代表性的实践教学模式。例如，当前较为主流的"五阶段"教学模式、"交互—探索"教学模式、项目导向模式等。这些较新的职业教育理论，为高职院校寻找到了适用性强的教学方法。又如，当前职业教育中较为主流的模拟仿真教学法、案例教学法、项目教学法。此外，许多职业院校还构建起了实践教学基地，让学生能够通过在实践教学基地中获取更多的实践技能。部分学生与企业之间形成了协作关系，安排学生进入到企业开展顶岗实习，不仅让其学生可以加深对专业理论知识的印象，同时也提升了学生的实践以及综合能力，成为新时代的应用型技术人才。

综上所述，高职院校职业英语实践教学，需要通过对其教学模式、理念、内容等多个方面来进行分析并结合所呈现的问题制定相应的应对措施。不仅需要在突显出职业教育的特色，还需要通过不断地课程改革来对其英语实践教学内容进行完善。并加强师资队伍的建设工作，让其能够发挥出专业化水平来创新更新行之有效的教学模式，促进教学质量。

二、国外实践教学研究现状

国外的许多国家已经形成了一套非常成熟的职业教育体系。在此大环境下，实践教学成为其教育工作者的一个非常关键的研究课题，同时还有效促进了职业教育的长足发展。特别是德国职业教育体系的发展非常明显，其国家所开展的职业教育模式已经成为许多国家职业教育的研究对象，并以其实践教育模式为参考，积极寻找适合于自身国家的高职实践教育模式。这些先进的实践教学理念主要表现在以下方面：

第一，想要提升交际能力，必须要从：①隐性潜力；②适用程度；③规范度；④实践性等指标为切入，在交际能力研究理念中，语言作为人类进行自由交际的重要工具，不同个体对于其工具的学习与使用会产生不同的效果。想要提高自身的交际能力，应该以语言知识水平以及实践能力的提升为重点，让个体语言的应用能力在不断地学习与使用过程中得以提高。

第二，人类对社会交往以及语言教育的思考，可谓是历史悠久。语言的发展必须要以文化为依托，在针对不同语言进行分析时，应该以其语言所产生的文化为研究切入点，从而才能够对不同语言进行更加深入的理解。

第三，语言教育与文化教育之间的关联性，其提出了想要在交际过程中对使用语言的理解，应该认真分析与总结各类型句子在不同场合中的使用特点。另外，在构建适合的语言教育体系时，必须要参考之前的相关研究，并将文化教育与语言教育两者进行融合，实质上这正是一种语言实践教学的雏形模式，也为英语实践教育理论奠定了基础。

从国外的相关研究发展来分析，当前许多国家都非常关注语言教学工作中的有效性。国外对于语言课堂教学有效性的学术研究主要集中于 20 世纪六七十年代，在此期间的研究已经改变了传统的教师因素研究，将研究范围拓展到了语言课堂教学活动体系中。对于教师而言，依然是对其教学有效性形成影响的主要因素，但在语言的学习过程中更应该注重教学方法。此外，不管是针对学习过程的研究还是教学方面的研究，最终还是归结于教师层面。这也从另一个层面体现出了，语言教学更加注重的是教学过程需要有一个更高、更新的教学模式与标准。

综上所述，国内外语言教育的研究范围已经涵盖了整个教与学的过程，而且更多研究学者已经意识到了实践教学的重要性，并从语言教学过程中的实训、实验以及实习等层面来进行分析，这也是未来职业教育体系的一个重要发展方向，是对实践教学的一种认可。

第三节 高校英语课程的教学定位分析

"当前高校英语课程的教学定位应当是培养学生的英语综合应用能力和实用英语应用能力。"[①] 英语综合应用能力，是指学生对各种英语能力综合应用的基本功力。英语综合应用能力的培养有三个基本特性：基础性、综合性和统一性。基础性，是指英语综合应用能力是高校生都能够掌握的能力，也是高校生都必须掌握的能力，是一个低水准的基本的要求。当然，我们应根据具体情况，对不同类型的高校生提出几个不同层次的具体要求。综合性，是指英语综合应用能力要体现学生的听、说、读、写、译等各个单项英语能力的均衡发展和综合应用，而不是厚此薄彼、顾此失彼。统一性，是指国家要规定几个不同层次的统一的最低要求，各高校具体的英语教学可高于但不能低于其所在层次的统一要求，确保高校英语在基础和综合层面上的教学质量。现行大纲规定的英语综合应用能力在基础性和统一性方面有比较好的体现，但对某些学校和某些学生而言也存在着要求过高、分层过少的问题。

实用英语应用能力，是指学生立足于其自身和所在环境的具体情况，突出发展的一种或几种英语应用能力。培养实用英语应用能力的关键是要因材施教，实事求是，区别对待；要立足现有的和可利用的各种英语教学资源，因地制宜，教学相长。

在以上定位中，我们需处理好两种英语应用能力的关系。综合应用能力是基础，特色应用能力是个性化的发展。特色应用能力的培养立足于学生的具体情况，是在打基础的同时，或在已有的基础之上进行的。综合应用能力的培养和特色应用能力的培养可以同时进行，但要有所侧重。我们应先着力于培养综合应用能力，兼顾特色应用能力，后着力于培养特色应用能力；也可以先培养综合应用能力，后培养特色应用能力。如果对某些学生需要突出提高某种能力，可以在这两个方面进行：在培养综合应用能力方面，提出对这种能力比统一的基本要求更高的要求；在培养特色应用能力方面，强化培养这种能力。

英语综合应用能力和实用英语应用能力的有机结合，可以使高校英语教学实现"统一性和灵活性相结合"，做到"统而不乱，活而不僵"；还可以使"基本能力的培养和特长能力的培养相结合"，从而使高校生的英语学习"基础扎实，特长突出"。在高校英语教

---

① 王磊. 互联网+背景下高校英语有效教学研究 [M]. 长春：吉林人民出版社，2019：36.

学的前半阶段，应侧重各种基础能力的全面发展、齐头并进；在高校英语学习的后半阶段，应侧重特色能力的个性发展、突出特长训练。

教学定位在高校英语教学中至关重要。在我国当前的高校英语教学中，听说能力的培养固然重要，但不可一概而论。社会对英语能力的需求是多种多样的，高校生的个性特征是多种多样的，各高校的人才培养目标也是多种多样的。因此，在我国高校英语的教学不应忽视特色应用能力的培养。在全国高校英语教学的纲领性文件中，高校英语课程的教学定位应立足于我国目前的高校英语教学现状，遵循外语教学的规律，适应社会各个领域在各个层面上对各种实用英语应用能力的客观需求。

第四节　高校英语课程教学目标与课程设置

一、高校英语课程教学目标

高校英语教学的目标定位是整个高校英语系统工程的基础和根本，是开展课程设置、教材、教法、教师及学习者等研究的大前提。随着国家经济改革或调整，改变高校英语教学目标。在"互联网+"、大数据等新兴技术的背景下，具有国际眼光、了解国际形势、能够参与国际合作与竞争的"国际化"人才炙手可热。对此，高校将增强学生的英语交际能力、自主学习能力、综合文化素养，让英语在当代大学生的生活和学习中得到真正的作用，从而更好地满足国家及社会的发展需求。

（一）高校英语语言与内容目标

在高校英语教学中，不仅要实现公共英语教学的专业化，还要实现专业英语教学的公共化。因此高校应重新认识"英语"这一语言本体，更新教学理念，认识到英语并非是一种语言工具，它更是作为一种文化现象而独立存在。在课堂教学中，要注重知识传授、兴趣激发、问题思考三者的结合，改变传统的教学模式，处理好语言教学和内容教学二者的关系。在学习英语的基础前期明确高校英语定位，以语言驱动为方向；在学习英语的基础后期，以内容驱动为方向。

（二）高校英语一般与专业课程目标

高校在教育国际化背景下，高校英语教学定位需要转换以国际化课程为导向，为大学生接受国际化课程做好准备。明确提出培养学生的学术英语和专业英语能力，为本科期间用英语进行专业学习和毕业后用英语开展工作做好准备。

一般而言，将英语分为通用英语和学术英语两大类。通用英语多用于培养人的综合素养及交际能力，是对大多数大学生而言；学术英语用于培养专业知识及学术素养，是对英语专业的学生而言。二者虽有共通之处，但不能完全相互替代；虽有不同之处，也不应互相排斥。从国际发展形势以及英语教学发展形势等多角度来看，未来中国的高校英语教学还是以通识英语教学为主、学术英语教学为辅。

由于我国土地面积大，各地区之间情况差异较大；各高校因类型、办学层次、人才培养规格、生源等情况差异较大。因此，我国各高校应该根据自身的实际情况，确定通用英语、通识英语、专业（学术/专门用途）英语的比例，达到必修课和选修课平衡、输入与输出平衡、语言与文化平衡。

二、高校英语课程设置分析

高校课程计划中，课程设置是教学目标高校的集中表现，是对课程结构与内容所做的安排和规定。各高校根据实际情况，设计出各自的高校英语课程体系，将综合英语类、语言技能类、语言应用类、语言文化类和专业英语类等必修课程和选修课程有机结合，确保不同层次的学生在英语应用能力方面得到充分的锻炼与提高。

高校英语课程在设立时应结合听、说能力的培养要求，充分利用多媒体网络平台，通过各类网课的开设以及足够的学时、学分，为学生创造轻松、多元的英语学习环境。

高校英语课程既是一门语言课程，又是一门素质教育课程，它是集工具性与人文性为一体，因此应将对学生文化素质、国际文化意识的培养作为高校英语课程的设置依据。无论是网络课程，还是学校课程在设立时都要充分尊重学生的个性化差异，要针对学生的学情合理设置课程内容。要保证所设置的课程既能提高学生的英语专业知识，又能提高学生的实际应用能力，从而使不同层次、不同专业的学生英语水平都能得到一定程度的提升。

课程设置是介于教学理念与教学实践之间的一个关键环节，课程设置首先"设置"了方向，圈定了教学的重点。根据"个性化"思想，教师在进行英语课程体系设定时，应以尊重学生的个性化发展为出发点，并在此基础上对课程的结构、内容等做出相应调整，以达到必修课与选修课相平衡、语言与文化相平衡等。

面对时代的变化，高校英语更应该着力于建立符合时代要求的、科学合理的课程体系，通过合理调整通用英语、专业英语、通识教育类英语三者的比例，使高校英语更好地为人才培养服务。

在课程设置方面，多元化、特色化应该是高校英语课程体系的发展方向。从多元化层面看，高校在开发显性课程的同时，还要注重隐形课程的开发。从特色化层面看，高校英语课程应走出课堂教学，不断向外延伸。但在课程设置过程中，通常会出现一系列问题，如课程目标泛化、课程课型分类趋同等。这需要高校结合具体的情况对课程设置进行调整，以满足学生多元化的需求。例如，新生入学时根据自己的英语水平，结合自己的兴趣爱好及专业特征，从课程"菜单"里选择符合自身兴趣、爱好及职业规划的课程进行学习。

在进行课程设置时，高校需要重点关注英语通识教育核心课程。高校英语通识教育课程是一个集语言、文化和多学科知识为一体的综合性课程，它以通识教育理念作为指导思想，将"三套车"课程体系作为教学内容，通过设立英语通识教育课程，为学生的英语学习和英语技能提升、跨文化交流、多学科共通等创造条件。

第二章 高校英语课程实践教学的问题分析

第一节　实践教学意识薄弱

一、学院认识实践教学的程度不足

当前针对高校英语课程教学并未准确定位，虽然注重英语课程要有较强的应用性，但在一定程度上还缺少系统化特色。当前许多院校过于注重对学生专业理论知识以及技能体系的培养，没有英语课程对于其专业发展的重要性，从而将英语教学设置为高校的公共课程。通常是面向全校所有学生开设。因此，我国也制定了相应级别的英语等级考试，希望能能够对学生英语水平进行测试，而在这样应试教育影响下，可能造成一些认为学习英语也只是为了通过期末考试以及四六级英语考试。同时，再加上很多高校明确规定想要获得毕业证书就需要拥有相应的英语等级证书，这样就造成在长久教学过程中英语教师过度以考试为主，从而让其教学内容与考试形成了一定的关联，应试教育成分相对较重。在这样的一种发展形势下，所开展的实践教学还是以教师为主体，学生依然处于一个被接受的地位。在这样的教学模式下，英语教学与其专业技能的融合度不高，无法与其专业的工作岗位形成较强的关联。忽略了语言的实用性，这样不但影响着学生日后的健康发展，同时也无法满足当前社会发展以及企业发展的英语人才需求。

此外，部分高校英语教学对于职业教育的本质理解不足，没有与社会发展形成一定的联系，在开展实践职业教育英语教学过程中，依然采用"闭门造车"的方式，对新教育理念理解不足，并没有走入社会与企业中。由于种种原因，教师在教学过程中的教学理念会对学生产生非常大的影响，让其对于英语的没有更好的定位，从其理念中产生了英语知识学习主要是为了应对学校的考试。从而在开展英语学习过程中，依然采用死记硬背的方式进行学习，对于学生的英语应用能力提升并不理想。另外，再加上教师还是以传统课堂教育教学为主，只重视教师的教学，不重视的学生的学习，只重视传授知识，不重视学生学习能力的培养，课堂教学过度单调以及乏味，缺乏乐趣，很难以实现高校人才培养的目标。

二、实践教学和理论教学比例失衡

在教学中，很多学校能够以课堂模拟形式为学生提供实践的机会，但在各大高校扩展招生规模后，每个班级人数大幅增加，并且可以供给学生实训的教室少之又少，每一个学生在每一个学期在课堂模拟中最多能够进行三次实践，学生在课堂实践中实践体会作为英语教学的基本环节，但因为缺乏真实的、完善的实验环境，造成教师无法了解学生的实际情况，所以课堂模拟训练也只是演练课堂教学方式，与真实课堂还是存在很大差异的，很难在真正的课堂中复制模拟练习中的教学形式。因为在当前实习学校规模、考试制度等因素影响下，合作实践单位无法提供更多的实践岗位，即便可以提供很多岗位，任课教师也不可能给实习生很多登台授课的机会，毕竟上课时间有限，更多的时间内学生只能跟着指导教师写教案以及批改作业，这样学生实践技能自然无法得到快速提高。一方面，学生既需要完成相应的实习任务；另一方面，在经济压力以及学习经验缺乏下，接受简单形式的英语教学，这样就导致实践教学形式简单、内容枯燥，学生教学能力很难得到有效加强、

三、对英语实践教学存在忽视态度

"实践新的教学理念需要完善的、良好的教学资源"。[①] 近年来，随着我国开始加大对高校教育的人力、财力以及物力资源的投入，很多高校的软件设施以及硬件设施都得以普遍完善，信息化的教学设施被广泛应用到教育教学过程中，其取得了令人满意的应用成绩，受到了广大教师与学生的肯定。但结合实际情况而言，学校大量资金都被投入到专业教学中，投入到职业英语教学中的资金却很少，并没有真正的、有效的进行投入，开展的很多教学活动也只能在传统教室内开展，在教学过程中却不能对这些先进的、科学的"信息化教学设备"有效应用，结合职业英语的实训任务也是在教室中"模拟"开展，造成教学活动很难顺利进行。

高校过度投入专业技术教学，造成"英语课程"被忽视，逐渐处于了边缘化位置，尤为显著的特征就是课时数不断再减，各种教学条件也没有形成相应制度，有时候还会被随

---

① 梅琴. 高等职业院校英语实践教学研究 [D]. 桂林：广西师范大学，2018：16.

意取代，影响了英语教师教学热情的提高，学生学习英语知识的热情也被降低。

四、英语实践教学的组织不太合理

在高校英语教学中，虽然部分学生拥有不错的英语学习基础，但受到应试教学的影响，其学生的英语学习能力并不高。一些学生认为英语教学就是需要学生学习好英语基础知识，最后可以顺利通过相关考试就可以，这种偏颇的想法，并没有为学生未来的工作岗位与实际发展相考虑，学习过程中表现为学习效率低，喜欢跟着教师的思路走，这样就导致学生自主学习能力，也很难有效实施以学生为主体的课堂教学模式，在学习职业英语过程中，学生无法感受学习的成就感，造成学习积极性不高，各方面能力得不到显著提高。所以，很多学生对于大学英语教学目标没有清晰定位，也没有明确的学习动机，缺乏一定的学习能力，在学习中遇到困难，要么逃避、要么请求他人支持，同时对学校以及教师缺乏信任。再加上学生学习水平参差不齐，教师课堂中采用传统的教学方式，造成学生学习积极性不高，很难从整体上提高学生英语学习水平，这些原因也造成了改革职业英语教学有很大的难度。

第二节　课程设置陈旧

目前很多高校英语专业开设的课程多年未变，基本沿用了传统的一些课程，如英语类：综合英语、英语泛读、英语听说、外贸函电、交际英语等；商务类：金融基础与国际金融、国际贸易实务、电子商务基础、市场营销、企业管理、西方经济学等。这些课程中除了英语听说、外贸函电和国际贸易实务与实践教学能沾得上边外，其余大都是以理论教学为主的课程。

第三节　人才培养模式单一

目前，很多院校英语专业的人才培养模式没有与本地的企业挂钩，联合培养企业所需的商务人才，而只是单纯培养学校认为合格的毕业生，即能顺利通过课程考试者而已。毕业后以学生的自主就业为主，学校仅象征性为学生推荐一些就业机会。

第四节　实习实训条件落后

以商务英语为例，目前一些院校的校内实训场所只有语音室和多媒体教室——进行视听技能训练和多媒体教学所用，缺少诸如商务接待室、经理办公室、商务洽谈室、商务设备室、国际贸易综合业务仿真实训中心以及会议中心之类的校内实训基地，这些校内实训基地的实训功能为："①商务接待室——接待访客；②经理办公室——客户接洽、业务审批、求职面试、工作汇报；③商务洽谈室——模拟商务谈判；④以就业为导向商务英语专业实践教学体系的构建商务设备室——模拟操作使用打印机、复印机、扫描仪、传真机等办公设备；⑤国际贸易综合业务仿真实训中心——国际贸易业务流程的演练，处理各类外贸单据、撰写进出口业务往来函电；⑥会议中心——召开公司内部会议及国际商务会议。"①

第五节　双师型师资力量缺乏

教师教学水平的高低关系着教学改革的成败。教师教学能力低，也就会造成其教学质量低。教学素养的影响因素主要表现在三个方面：首先，大部分高校英语教师都是师范类院校英语专业毕业，但其在接受教育过程中主要还是以传统英语教育为主。当其在从事职业英语教学时，依然沿用传统的教学模式，教师在教学中的主体地位表现得较为明显。在这样的一种教育机制下，许多学生所学习到的英语知识与实践能力没有明显的关联，学生也会依照其教学模式进行学习。久而久之，学生对英语知识的学习兴趣会被逐渐消磨。其次，教师日常教学过程中任务太多，很难抽出时间来学习有关领域的知识以及新的教学方法，特别是专业基础知识，教师的知识量有限，就很难灵活驾驭英语教材，这样也会对教学效果有着直接的影响；最后，高校对于英语教学不够重视，而是将大部分精力应用到了专业课程教学中，对于公共课建设的关注度不高。从而大部分职业院校英语教师得不到继续学习的机会，对于高校英语师资力量的综合能力提升形成了非常大的影响。

---

① 俞燕. 以就业为导向商务英语专业实践教学体系的构建 [D]. 苏州：苏州大学，2011：41.

第三章 高校英语课程立体化实践教学模式的建构

第一节 校内实训平台和校外实践基地建设

下面以河南科技学院商务英语专业为例，具体探讨校内实训平台和校外实践基地建设。目前河南科技学院的商务英语实训平台包括商务英语综合实训平台、国际贸易实训平台、全球语通数字化资源、国际商务谈判实训平台与速卖通平台等，这些实训平台为学生线上学习提供了丰富的校内实训教学资源，可有效地培养学生的外贸流程服务岗位技能，在有限的课时内实现最优化的实训教学效果。学生在特定的真实语境中可以锻炼出高水平的交流能力，并为社会培养综合型、商务技术型、技能型外语人才。

同时，河南科技学院商也非常注重实战式的实践基地建设，已经建立12个校外实践基地，将校内实践教学加以延伸。校外实践基地的开拓和建设为学生的实战实践提供了所需场所、设备和真实的商务环境，让商务英语专业的学生参与一些国际贸易活动，并将学生经营成效纳入商务英语专业实践成绩的考核中，充分调动了学生实训实践的积极性，进而使他们解决外贸实际问题的能力得到充分的培养和锻炼。学生在实际操作过程中，经过规范化和职业化的训练，可以实现英语语言能力和商务能力的有效完美结合，让学生在实战中熟悉和了解贸易流程、市场、顾客和商品，以达到学生的专业技能与就业岗位的"零距离"衔接，培养学生的国际商务能力。

第二节 高素质双师型教师团队建设

双师型的人才不但具有特定的内涵，而且也具有明显的本土特征。双师型是讨论高等院校人才专业化时必须面对的一种发展趋势。传统的双师型被人们简单地理解为双证书、双职称、双来源。双师型的现代意义不仅是获得双证书、双职称等有形的认定资格，同时也包括对经历、经验等无形综合素质的考察。

"高校英语教学改革的基础是双师型大学英语教师队伍的建设，以提高培养学生综合文化素质、培养学生思考的能力。"① 建立双师型英语教师队伍的对策具体如下：

第一，充分发挥高校英语教师的通用英语教学能力。通过定期组织英语教师进行教学观摩和教学经验交流会，相互促进、相互提高教学水平。

第二，对高校教师进行必要的专业技能培训。各校应针对自己的实际情况制定培训计划。例如，针对专业的不同，可以组织教师进行相应的文科或理科专业基础知识的学习。英语教学可以将城市的人文文化与英语国家的文化相融合，扩大学生的视野。

第三，妥善安排英语教学，合理设置课程。培养未来优秀的建设者是大庆高校的重任，这就要求高校的英语教学把解决学生未来的从业需求放在首位，根据学生的专业特点和未来从事职业的情况妥善安排英语教学、合理设置课程，把对学生未来学习及从业有帮助的语言技能融汇到英语教学中去。

第四，各高校应鼓励青年教师到企业挂职锻炼。高校可以选送一些基础理论知识好的青年教师到各类型企业中顶岗实习1~2年，获取实践经验，提高对学生的实践指导能力。也可以通过各级各类的培训了解当前生产技术、工艺、设备的现状及发展趋势，并在教学中及时反映。对于在平时教学中存在的一些疑惑，也可以在培训中向实践经验丰富的工程技术人员请教，以达到事半功倍的效果。

第三节　以就业为导向的实践教学内容的设计

以就业为导向开展教学是国家根据我国经济发展现状和当前我国国情下行之有效的重要发展理念。高校教育不仅要注重对学生的专业知识的传授，更要以就业为导向，加强学生全面就业能力培养，使学生具备较强的就业竞争能力、从业能力、岗位适应能力和发展创新能力，实现与企业的"零距离"对接，并为整个职业生涯的成功奠定坚实的基础。

---

① 刘冲，刘岩
，张文静. 高校"双师型"英语教师队伍建设的探讨 [J]. 大庆社会科学，2014（2）：140.

一、以就业为导向、以岗位能力为核心的教学内容设计

传统高校英语教学过程中存在重教轻学、重知识轻能力、重语言轻文化、重输入轻输出、重书面轻口语、重教授轻交际和重结果轻过程等倾向，教学效果不佳，不利于人才达到既定的培养目标。因此应遵循"实用、够用"的原则，兼顾语言基本技能和职业技能训练，明确高职专业英语课程性质，以就业为导向、以岗位能力为核心开发专业英语课程模块，为社会各行各业培养技能娴熟、善于交流合作、外语综合应用能力强的新型人才。

二、以"基础英语+专业英语"为核心的教学内容设计

高校人才培养以就业为导向强调实用性和职业性体现在高职专业英语这门课程上就是要求毕业生就业时拥有该岗位所需的英语能力。高校不同专业因人才培养的技术、能力要求不同而各自设置了不同的教学要求。高校英语教师要根据社会对所教专业学生英语运用能力的实际需求有选择性地使用英语教材侧重发展其中一个或几个方面强化学生的英语职业技能。

高校英语教材的选择应当考虑不同专业的特色和岗位的特点侧重从各自的实际专业领域和职业岗位中选取教学内容。例如，文秘等文科专业的学生在将来的职业岗位中面临最多的是与客户在电话、网络、商务会谈中进行面对面的直接交流。因此该类型专业要求毕业生有较强的英语听、说、写能力。而数控、模具、电子电气等理工科专业的学生接触更多的是有关产品说明书、技术指导、维修指南等英语文献职业岗位要求就业者在业务资料阅读和翻译方面有所擅长。

为了实现这种改革可以采用英语教师和专业教师合作开发专业英语教材的形式使得英语课程的教材中更多的具体工作内容得以体现。英语教师和专业教师双方优势互补相互促进共同提高专业英语教材开发和教学的质量以及专业教学的水平，基本原则为：要遵循"以能力为本位、以行业需求为目的、以学生为中心、项目式教学"的原则采用不同的文体使用地道的语言进行描述采取以能力标准为基础的终结性考核和渐进性考核的方式注重专业英语与普通英语的教学区别双方共同研讨相关专业的相关能力标准进行学习需求分析共同开发学习资源，具体过程如下：

第一，由专业教师提供职场工作的具体情景、工作过程提供行业、职场中所需要的典型的、必要的技术术语、文件、文本和职场交流的基本背景素材。

第二，由英语教师从语言教学和学习的角度依据语言习得理论、行为主义、认知原

理、情感原理进行归纳、提炼出专业英语的学习材料内容。并设计工作情景中的语言学习活动把语言学习的听、说、读、写与职场工作情景有机地融合在一起。此外在设计开发教材时应充分考虑和利用人的视觉、听觉、触觉等功能提高学习效果。

第三，共同讨论根据学生的特征和先前已有的知识基础（专业、技能和英语知识）确认教、学内容：①英语教师针对各种类型的技术文件和资料从语言学习和教学的角度选出相关的内容进行删减、整合作为单元教学的基本内容并对教材中的英语语言是否正确使用进行编辑与认定并且注重语言能力训练：以阅读理解能力为主兼顾听、说、写、译的能力。②专业教师则从专业和行业的职场需求和应用的角度对整合后的学习内容、所选用的插图和术语、行话的描述进行再认定。

第四，共同设计"以能力为本位、以学生为中心"的教学活动：充分重视采用交互式活动根据不同行业的特殊用途围绕教学材料和任务开展各种适当的、生动灵活的教学活动。采用"问题教学法"使学习者在积极参与学习活动的过程中学会个体学习和团队合作取得学习成果。通过完成专业英语课程学习学生能够在学习职业技能的同时提高自己在相关专业的职场中的英语应用能力。

三、以"课内、课外与校外三位一体"为核心的教学内容设计

高校英语实践教学体系就是一个以"学生的语言应用能力"为核心集课内情境项目教学、课外自主训练、校外实习实训项目建设为一体以满足社会和岗位需求为目标的立体化语言实践环境。让学生通过模拟的和真实的职业语言应用环境在实践中认知和构建能力其核心就是在"做中学""做中教"。

（一）课内进行情景模拟训练行动导向学习

始终把握学生职业能力的形成规律将工作过程和学习过程紧密结合以职业岗位英语应用能力标准为依据以未来真实职业场景下的职业活动为学习内容通过模拟真实职业工作场景下的行动任务为导向以促进学生真实的语言交流和应用为途径培养学生在职业工作场景下运用语言完成任务的能力。在行动中学生通过完成创设的语言情景下的交际任务活动积极运用所学英语知识及技能来理解领悟、处理问题、发挥创造、相互交流从而获得特定语言情景下的语言交际体验最终培养和提高英语应用能力。

（二）课外自主语言训练强化语言技能训练

课外英语训练可以采取英语角、英语沙龙、英语竞赛等课外活动为学生搭建语言练习

和实践的平台提供机会引导学生进行自主的能力训练以提供平时课堂教学难以实施的实践活动同时也可以满足学生学习的多样化和个性化需求促进学生的个体发展培养学生自主学习英语的能力。

（三）校外的真实性英语语言实践

除了在课堂教学中积极模拟工作过程设置工作情景和仿真任务加强学生语言实践外还必须有足够的机会让学生能在真实工作环境中体验和实践英语。通过积极开展校外英语活动将英语实践融入专业实践项目不仅创造了真实的语言实践机会更让学生在真实的职业环境下体验了职业英语增强了认识明确了学习目标促进学生"以用代练、以用促学"切实提高学生的语言应用能力和学习能力。

四、以"工学结合、校企合作"为核心的教学内容设计

首先，行业分析是高职专业英语课程设计的基础，工作过程的内容转化为学习领域的内容就是专业英语教学和实践的内容，只有工学结合，才能了解职业需要的英语能力规格和要求，为英语能力培养和实践计划的制订提供依据。其次，吸纳校外有工作经历的人员充实英语教学和能力实践教学指导教师队伍，对推进英语教学和实践有着重要的意义。如在外贸、涉外导游、高级宾馆、国际物流等领域都有大量同时具有英语学习经历和行业工作经历的人员和专家，聘请他们担任实践实训的指导老师可以保障实践实训的实用性和针对性。

工学结合是高校英语发展的必由之路。工学结合可以为实施以语言实践为核心的英语能力培养和实践教育提供基础的实践、实训条件塑造真实性的语言交际和应用环境。通过工学结合，将语言实践与专业实践结合，在专业实践活动中融入英语语言实践，让学生在实际的工作岗位实习过程中得到使用英语解决工作任务的机会。因此，工学结合为实现将英语能力培养目标与行业需求相结合，在实践中进行应用性训练，为创新和落实英语语言能力培养和实践提供基础保障。

第四节　动态多层次考核手段的实施

"实践评估体系是对实训效果的及时检验、反思与总结。"① 教师通过评价体系可以准确掌握学生的实操情况和教学效果，并为以后的实践教学工作提供新鲜生动的教学素材。下面以"商务英语"为例，具体探讨动态多层次考核手段的实施。商务英语立体化实践教学模式采用多层次的评价标准、多样化的评价方法与多元化的评价主体构建实践评价体系，该评价体系依据具体的"4Cs"，即沟通（communication）、商务（commerce）、文化（culture）、协作（collaboration）评价标准，运用定性评价与定量评价、形成性评价与终结性评价相结合的方法，对教学的各个环节进行客观科学的评价。在具体操作中，可以把商务英语实践教学分为以下四个环节进行评价：

第一，前期实践准备环节。主要是实践前的预先准备工作，如教师在实践平台上发布实训课程及任务，设置一些互动实训环节；学生对实践报告和内容进行预习。

第二，中期实践过程环节。在实践过程中，教师根据学生的表现和在实践平台上的操作情况进行评价。

第三，后期总结环节。学生对实践过程进行反思和总结，并以实践报告的形式呈交给任课教师，教师依据学生的总结情况给予客观的评价。

第四，实践拓展环节。基于整个实践过程积累的实践结果和经验，教师在实践后给学生布置一些发散性的作业和任务，对实践成果加以巩固和强化，让学生的认知能力得到深化和升华，进而提高其解决问题和分析问题的能力和效率。

在动态多层次考核的实践评价体系中，需要对实践效果的评价主体加以拓展。指导教师不再是唯一的评价主体，其他评价主体包括学生自评与互评、社会评价、先进企业的专业人员的评价等。多元化的评价主体可以从全方位、多角度的层面考核学生的学习效果，最大程度降低评价的主观性，使学生的综合素质和学习能力得到全面的提升，进而提高评估效度以及实践质量。

---

① 闫超亚. 商务英语立体化实践教学模式建构研究［J］. 河南科技学院学报，2020，40（8）：68.

[第四章] 高校英语课程多模态教学模式的创新

第一节　高校英语课程多模态教学的理论支撑

"随着现代社会的发展进步以及国家教育体系的发展进步，对具有英语综合素养的人才需求越来越大，同时由于对大学生的英语综合素养的要求越来越高，传统的教学模式已经无法满足当代培养具有英语综合素养的需求了，对此高校的英语教师需要适时改进，根据当代对人才的具体要求改革教学理念和教学方法，而多模态的教学模式恰恰能满足当前大学教育体系的需求，也符合时代发展进步的客观规律。"①

一、哲学理论

研究高校英语课堂教学模式，有必要系统全面地分析把握教学系统的要素，明确各要素之间的关系。根据系统论原理，教学系统由教师、学生、教学内容和教学媒体四个基本要素组成，即所谓教学系统"四要素"。教学系统通过这四个基本要素的相对运动和相互作用，参与到整个教育系统运行过程之中。在新媒体时代，大量的教学技术元素的融入，导致传统教学系统四要素的内涵及其相互关系发生了根本性的改变，需要进行哲学意义的重构。人们可以从不同的哲学观出发，对现代教学系统进行剖析。

鉴于高校英语的语言课程性质，需要从主体性出发，对高校英语课程教学系统进行研究，因为言语建构人的主体性，为人类表征世界提供资源。高校英语课程的教学系统中充溢着"教（师）"与"学（生）"的主体性。根据功能语言学理论，在功能言语层面，功能性言语标记（概念功能、人际功能和语篇功能）又使主体间性成为可能。在语言哲学的视域中考察主体性和主体间性的建构过程，人的主体性在语言作用下走向主体间性是一

---

① 鲁铃，周奕含. 多模态教学模式在高校英语教学中的创新应用 [J]. 作家天地，2021，(24)：113.

种哲学必然。从主体间性理论的哲学视角，对高校英语课程教学各要素及其关联进行探究，旨在探讨能够顺应新媒介时代发展的高校英语教学模式。

通过探讨高校英语课程的学科属性及其教学系统的四要素，即教师、学生、教学内容和教学媒体，一般认为，主体间性、媒体间性、文化间性、文本间性等间性理论视角是探讨高校英语教学的重要哲学基础。教育技术与高校英语课程的整合充分体现了间性理论作为现代外语教育哲学基础的重要性。

媒体间性，有时也被称作媒体相互性，指的是现代媒体的相互关联，即媒体之间从信息内容到技术形式基于社会间性的综合、整合、转换与演变。语言间性是指语言的指称功能、意动功能、交感功能之间表现出的不协调和错位。文化间性，也叫跨文化性。文化间性就是西方哲学中的主体间性问题在文化领域的具体体现，它体现了从属于两种不同文化的主体之间及其生成文本之间的对话关系，表现出文化的协同共存、交流互动和意义生成等特征。文本间性也叫互文性，是指一个确定的文本与它所引用、改写、吸收、扩展或在总体上加以改造的其他文本之间的关系，即任何一个文本中都包含着以各种可辨认的形式而存在的其他文本。

教师、学生、教学内容、教学媒体四大要素是彼此相互联系、相互作用而形成的有机整体。在现代信息技术条件下，现代教学媒体的作用越来越显著，它改变了其教师、学生、教学内容及其之间的关系，极大地提高了系统内部各要素之间信息传递和转化的效率。

首先，对于教师主体而言，教学媒体是组织、实施教学的一种重要工具，恰当的媒体运用可以减轻教师的常规工作，促进教师与学生主体之间的互动；对于学生主体来说，媒体则是一个认知和交流的工具，有利于学生有效地获取知识、发展认知能力、提高认知水平；根据主体间性，教师主体与学生主体之间具有显著的交互性，学生主体的中心地位离不开教师主体的主导作用，这是"以学生为中心、以教师为主导"教学思想的哲学基础。

其次，在现代信息技术条件下，师生主体都是具有一定媒体素养的人，而且往往具有一定的不平衡性，由于信息技术的迅速发展，学生的信息素养可能会优于年龄较大的老师，在教学过程中学生可能会在新技术应用方面发挥着重要的作用，影响着教师主体及教学结构的取向。

最后，新媒介条件下，教学内容资源化趋势明显，教材转变为立体化的教学资源，教学内容更具多样性、易于获取性，在媒体形式上呈现出多元化、数字化的发展趋势，而且，师生主体都参与到教学资源的共建之中；现代教学媒体作为一种表现工具，可以最大限度地优化教学内容，从而缩小教学内容与师生主体之间的距离。

间性理论对高校英语教学改革与研究具有方法论意义和针对性的指导作用。主体间性的研究有助于师生更新教与学的观念，有助于师生之间、学生之间的互动与学生的个性发展；媒体间性的研究有助于媒体的组合、配合、融合与创新，有助于多媒体技术与高校英语课堂教学的深度融合，有助于改进多媒体、多模态课堂教学效果；文本间性的研究对于语篇层面的语言学习非常重要，特别是在文学作品欣赏、话语分析、翻译及其研究中是一个重要的研究视角；文化间性的研究则有助于凸显外语教学的跨文化特性，有助于构建新型的高校英语教与学的文化，培养学生跨文化素养。

二、教育学理论

语言教育是一个由各要素组成的多层面立体结构，除语言这个要素外还直接与教育学、心理学、社会学等直接相关，涉及教材、教师、学生、教学目标、组织管理等诸多内容。基于"教育学—各学科的教学—外语教学"这样的路线图，外语教育应当归属于教育学，而不能简单地把外语教学划入应用语言学的范畴。把外语教学纳入教育学的范畴，出发点是教育实践，重点是语言在教学过程中所起的作用，正是这些重要特征使得教育语言学成为一门独立的学科。从教育语言学的理论视角研究高校英语教育教学，无论在理论上还是在实践中都更具合理性。

鉴于英语教学的教育语言学学科属性，重点从教育学学科领域探讨高校英语教学研究的理论基础，特别是教育学、心理学、课程与教学论及其他与教育学整合而形成的交叉学科理论，例如，教育心理学、教育生态学和外语教育技术学。

（一）教育生态学理论

教育生态学是教育学和生态学相互渗透的结果，是研究教育与其周围生态环境之间相互作用的规律和机理的科学，其主要观点包括整体、系统、联系、平衡、动态等，强调全面、系统地思考教育教学过程中的各个因素，发现并解决教学中存在的宏观与微观的生态失衡问题，它强调以教育生态系统平衡的视角认识与理解教学目标、教学结构与教学方式，主动调控教学中各个要素在系统中的生态位，确保教学能够良性运转，充分发挥教学的多维效益。此外，还要深入探索教学本质及其运行机制，通过以教师为主导、学生为主体的范式，改变单向传授知识的传统教学模式，使教师和学生之间形成平等合作的关系。

（二）学习理论

现代科学发展的特点之一是学科交叉影响，互相渗透。教育心理学是教育学和心理学的交叉学科，学习理论研究是教育心理学的核心内容，对高校英语教学与研究具有重要的指导作用。

多媒体学习认知理论强调以学习者为中心的设计，关注大脑学习的机制，关注学习、记忆的效果，而仅把技术当作学习的助手，其目标是运用技术促进学习有效性。有效性学习是学习理论的研究焦点。在新媒介条件下，多媒体学习认知理论的研究成果和教学指导原则对于实现有效学习具有重要的指导意义。

（三）课程与教学论

课程与教学论在高校英语教学研究与实践中的作用和地位很高。从高校英语课程教学的实际出发，简要讨论内容依托教学法、多元识读教学法及教学设计理论。

内容依托教学法理论的核心教学理念在于教师用内容话题而非语法规则或词汇表作为教学的框架。换言之，把语言教学置于某个学科或某种主题内容教学之上，将语言学习与学科知识学习结合起来，在提高学生学科知识水平和认知能力的同时，促进其语言能力的发展。多元识读教学法，一方面是在全球化的背景下文化和语言的多样性、多元化的结果；另一方面，也是新媒介条件下表达形式多模态化的结果。多元识读划分为五类；视觉素养；语言认知能力；课程素养；计算机网络素养；思辨能力。

教学设计就是运用系统方法分析教学问题，确定教学目标，建立解决教学问题的策略方案、试行解决方案，评价方案试行情况，进而对方案进行修改。新媒介条件下加强教学设计，不仅要遵循语言教学和教学设计的基本原则，还要特别关注现代教育技术的合理运用，强化多媒体、多模态课堂教与学，促进高校英语的有效教学。

三、心理学理论

认知负荷理论是对教学起着重要指导作用的心理学理论。根据认知负荷理论，认知图式组织并储存人类知识，极大地减轻了工作记忆的负荷。认知负荷理论认为，为了促进有效学习的发生，在教学过程中应尽可能减少外显认知负荷（减少因教学设计不当而产生的额外负荷），增加关联认知负荷（与促进图式构建和图式自动化过程相关的负荷），并且使总的认知负荷不超出学习者个体能承受的认知负荷。

认知负荷理论关注的重点是记忆在学习中的作用，主张合理分配认知资源对实现有效学习至关重要。依据工作记忆存储容量有限的特点及认知资源总量恒定的规律，该理论提出，如果在设计教学时，能够尽量减少学习任务中不必要的认知负荷，那么就可以提高学习者的学习效率。该理论关于认知构建、辅助例句、分散注意、冗余效应、双重感官效应等方面的研究成果，对于外语教学设计具有重要的指导意义。

四、语言学理论

第一，环境论。环境论认为语言是一套行为习惯，语言习得是这种行为形成的过程。第二语言习得就是克服旧的语言习惯（母语）的干扰，培养新的语言习惯（目标语或第二语言）的过程。

第二，功能观。功能法立足从形式到功能及从功能到形式的映像角度看待语言习得，认为语言学习的实质就应该从一对一的"功能—形式"映像发展到一对多的映像，即多功能性原则。

第三，联结主义学习理论。联结主义学习理论的"联结—认知原则"在强调标记和结果之间映射关系的同时，也注意到内在心智表征及社会因素、动机因素、学习者经验等对二语习得的影响。

第四，自动化理论。自动化理论的"技能习得理论"认为，人们习得各种技能时要经历陈述性、程序性和自动化等三个阶段，其核心概念是"学习强力定律"，该定律认为，由于操练，技能在一段时间内会有质变。

第五，输入加工理论。输入加工模型包含四个论断：①理解就是学习者试图获得语义；②在认知加工和工作记忆方面，学习者的理解一开始很费力，但这对输入加工机制关注的东西产生影响；③学习者是能量有限的加工器，在一刻接一刻的加工过程中，不能像本族人那样加工和储存同样数量的信息；④学习者也许利用输入加工中某些普遍的东西，也许利用其母语输入加工器。

第六，可加工性理论。可加工性理论认为学习者只能严格按照一定的等级循序渐进，把可加工等级分为六个严格的习得先后程序：无程序、语类程序、名词短语程序、动词短语程序、句子程序和从句程序。

第七，自主归纳理论。自主归纳理论目标是利用形式语言学研究来解释学习者的语言能力，视语言能力的变化为心智语法的变化，并假设这些变化是通过语言习得机制的活动产生的。

第八，交互观。交互观的目标是通过学习者接触和产出语言，通过关于产出的反馈等现象来解释学习过程。

第九，社会文化理论。基于社会文化理论的学习观认为，人类认知活动最重要的形式是通过社会和物质环境中的互动得以发展的。

第二节　高校英语课程多模态教学与识读能力

新媒体时代的发展使传统的识读方式发生了转变，一些语言符号，例如，空间、图像、声音等的地位不断突显出来，再加上传统的语言文字符号，一起在社会生活之中发挥着重要作用，深刻地影响了英语教学的理念、方法和内容。多模态识读能力是指依靠英语阅读接触到的多种模态和媒体，并在此基础上使学生产生新的信息能力，这种多模态识读能力是一个多层次的能力，是在英语阅读过程之中通过对多模态符号系统的整合和分析、筛选、比较、吸收、理解、批判新媒体所提供的信息的能力。

为了培养学生多模态识读能力，英语教师可以在阅读教学之中采用多元化的教学手段，结合现代的信息技术进行辅助教学，培养学生多模态识读能力，能够使学生的创造力和美感得到提高。通过培养学生多模态识读能力，使英语、教学产生良好的效果。在高校英语阅读教学中培养多模态识读能力，可以加深学生对英语文章的理解。教师采取多层次的教学方式，满足学生对知识的需求。

在高校英语教学中，培养多模态识读能力可以从视觉图像、绘画、声音和文字等多方面获取知识。将传统识读能力的范围不断扩大，使用多种手段获得知识，有助于学生高效、广泛的获取知识。在英语阅读教学中培养多模态识读能力可以激发学生英语学习的积极性和创造性，加深学生对英语阅读的理解。

在新媒体时代的很多英语阅读文章与传统的文章不同，通常都由两个以上的符号组成。与单纯使用文字作为符号的语言相比，这种表达的模式范围更加广泛。传统意义上的识读的培养可以帮助学生掌握阅读中的基本技能。而在英语阅读教学中培养多模态识读能力可以调动学生在学习中的积极性和创造性。新的英语阅读中通过对信息高效的、生动的传递，使学生的各个感官都得到了调动，提高学生的学习兴趣。学生可以从更多的角度对英语阅读进行理解，对作者使用多模态的意图进行了解，最终深入了解英语阅读的深刻含义。在英语阅读过程之中的重要目标是培养学生的语言交际能力和多种文化意识。在英语阅读教学中培养多模态识读能力可以使学生吸收多元的文化，并及时地进行阐释和比较。

培养学生多模态的英语识读能力，能对现实的生活进行模拟，通过情景化的教学，使传授的内容更具有实际意义。英语语言的学习与学生的日常生活和社会文化有密切的关系，因此在英语阅读教学之中，应该重视语言技能、语言基础和语言的运用。多模态化的教学方式能够提高学生对英语阅读课程的兴趣。通过这种教学方式，能够提高学生学习英语阅读的兴趣，使学生的识读能力得到提高。同时，可以提高学生在课堂上的注意力，通过动画模态和图片的结合，使学生长时间的关注教师所讲授的内容，在课堂上还可以将对时事的讨论和对新闻的观察相结合，将阅读知识与音乐的形式相结合，通过不同的模态进行组合，提高学生对英语阅读课堂的兴趣，最终提高学生的识读能力。

在培养学生多模态识读能力的过程中，可以相应的使用多模态化的教学方式。多模态化的英语阅读教学是在信息时代中教师改革课堂教学方式的新尝试，在这种教学方式之中，可以充分调动学生学习的积极性和创造性，最终提高教师的教学效果，但是教师应该根据学生学习背景和学习基础的实际情况，设计不同的多模态化教学方式，进而使这种教学方式的有效性得到大幅度提升。

在英语阅读教学中培养多模态识读能力可以通过四个步骤：情境操练、改造式操练、批判性框定和明确指导。这种教学理念的提出，极大的启发了英语阅读教学。英语教师应该转变自己的角色，将在课堂上的主导性角色转变成引导性角色，引导学生分辨不同的符号，获得新知识，帮助学生接触多模态话语，选取合适的多模态材料的阅读，使学生具有分辨多模态资源的能力。让学生了解到除了文字之外的模态，例如，图像和颜色等。让学生切实地参与到构建意义的过程之中。充分的利用网络技术和网络资源，培养学生的批判性思维和跨文化意识。

网络教学是指充分利用计算机技术和现代化的通信技术，构成的多渠道、全方位、交互式的教学知识传播系统和信息处理系统。在多媒体技术和计算机技术的支持之下，英语阅读教学拥有应用网络教学的很大优势。教师可以将大量的英语阅读教学资料、教学的辅助资料等上传到网络中，学生可以随时通过网络对这些知识进行自主性的学习，提高知识容量，及时了解最新的知识动态。教师在阅读教学中运用多模态符号能够调动学生学习的积极性和创造性，从多角度向学生传授知识，提高教学效果。

多模态教学环境下的英语阅读教学强调通过对动画、图片、文字和声音等符号的综合使用，建立起一个阅读的情景，从心理语言学的教学出发，多模态的教学方式能够加强学生对信息的了解、储存、感知和编码，通过自动化的使用语言进行输出，培养了学生的识读能力，帮助学生对英语阅读技巧的掌握，提高学生的英语阅读水平。逐步培养学生主动接受知识的能力，让学生有意识地培养自身对语言学习的能力，帮助学生提高知识的记忆水平和学习水平，在提高学生识读能力的同时，提高了学生口头表达能力和书面表达能力。

综上所述，在多模态化的英语课程中，要注意教学的灵活性和开放性，使学生成为课堂的主体，将色彩、图片、音乐、声音和动画等模态应用于阅读教学之中，最终构建信息文本，使学生的触觉、听觉和视觉充分地调动起来，从而提高学生的多模态识读能力。

第三节　高校英语课程多模态教学设计与呈现

一、高校英语课程多模态教学的设计

随着现代信息技术的发展与多媒体教学设备的普及和完善，教学环境也得到了极大改善，为多模态教学引入课堂提供了基本的技术条件。多模态是指通过整合、编排或编织多种不同模式的符号资源而形成一个语篇。从人类感知通道的角度，多模态就是同时使用两种或两种以上的模态。例如，学生在课堂上学习，一边听老师讲（老师的"言语"模式所对应的是学生的"听觉"模态），一边看老师的动作演示和在黑板上的板书（老师的"手势、姿势"和"书写"等模式所对应的是学生的"视觉"模态）。有些模态，按照感知模态的划分标准，只是一个单模态，但却涉及两种或两种以上的符号系统，换言之，按照符号系统多少的划分标准，这些模态也是多模态的。例如，报纸上的一篇新闻报道只涉及视觉模态，但它既有报纸的特定版式、色彩、字体，又有新闻的图片和文字，所以常把报纸看作多模态的一种形式。

任何一种话语模式都是通过某一种媒体表现或者通过几种媒体协同表现的，采用不同媒体可以产生不同的交流模式，模式的使用和变化在一定程度上会影响信息的流动和话语特征。英语课堂教学实践中，师生主体的话语模式主要包括口头、书面、电子、身体动作等交流渠道。在教学设计或评价中，不仅要根据不同的教学活动而有所侧重，还要注意各种不同话语模式之间的关联和整合。在课堂教学中往往是综合运用不同的身体动作，例如，"手舞足蹈"就是几个部位协调动作的结果。再如，要求学生根据课文内容编排节目，在课堂上进行表演，这种"role play"就同时调用了口头、动作甚至书面或电子等话语模式。有多种话语模式共同参与的教学活动的教学效果是显著的，所以在教学过程中，教师既要善于运用各种话语模式，促进学生有效的模态输入，还要有意识地组织学生调用各种话语模式，强化输出，改进课堂教学的效果。

学生是课堂学习的主体。作为信息受体，学生在课堂上的主要模态及其使用频率能够反映甚至可以决定一节课的教学模式、教学方法和教学效果。在高校英语课堂教学实践中，因为课型、教学对象、教师观念和教学模式等方面的不同，各种模式或模态发挥的作用也不尽相同，往往有主次之分。根据多模态研究的需要，把其中处于主导地位的那种模式称作"主模式"，而其他处于辅助地位的模式称作"辅模式"，辅模式对主模式起到强化、补充和调节等作用，各种模式协同地实现课堂教学话语意义。同样，也把模态分为主模态和辅模态。例如，英语写作课堂话语的主模态是通过书写模式呈现的文字模态，但也常需要通过视觉（阅读文字）、言语（口语表达）等辅模态强化输入，促进写作教学，即所谓的"以读促写""以说促写"的写作课堂教学方法。

多模态话语是相对于单模态话语而言的。根据话语涉及的模态数量，只有一种模态的话语是"单模态话语"，例如，广播仅涉及听觉（言语）模态，一份文字通知仅涉及视觉（语言）模态。同时涉及两种或两种以上模态的话语就是"多模态话语"。根据社会符号学，多模态话语是指在一个交流成品或交流活动中不同符号模态的混合体；换言之，在一个特定的、完整的话语中，不同的符号资源协同地构建意义、实现交际目的。

在基于计算机和课堂的多媒体教学模式中，高校英语课堂话语具有典型的多模态属性。这是现代信息技术与高校英语课堂教学整合的结果，也是高校英语教师更新教学观念的结果。为了优化学习者的语言输入，促进语言输出，强化语言交际和课堂互动，高校英语教师普遍采用了丰富多彩的多媒体、多模式、多模态教与学的手段。在多媒体、多模式、多模态高校英语课堂教学条件下，通过对媒体、多媒体、媒体间性的研究，有助于把握新媒体的演变规律，创新课堂媒体形式和文化；通过对模式、模态的对比研究，有利于高校英语教师加强课堂教学设计。教师既要充分利用多媒体教学条件，最大限度地调动学生以听觉、视觉等模态为主的多模态学习，促进学生的语言输入，又要指导学生合理使用多种媒体手段，通过口头、书面、电子和身体动作等多种交流模式，强化反馈、互动等输出机制，开展积极、有效的语言学习。

二、高校英语课程多模态教学的呈现

（一）多模态教学的教案制作

1. 教案设计

高校英语课堂教学设计要重视课堂教学环节，但不拘泥于传统的教学环节，充分吸收展示论证新知原理、尝试应用新知原理、聚焦完整任务原理、激活相关知识原理、融会贯通掌握原理等五项首要教学原理，综合运用间性理论、多媒体认知学习理论、输出驱动一输入促成假设等理论，探索有效的高校英语课堂教学模式。

教学设计是课堂教学成功的基础。高校英语课堂教学设计应该遵循教育学、心理学和语言教学的规律，其任务是根据高校英语教学要求、标准及学生学习实际，合理把握教学观念、教学模式、教学技术、教学技巧等因素，对教学目标、教学内容、时间安排、教学方法、课堂组织、教学媒体、学习活动和学习评价等做出明确的规划与设计。

2. 教案评价

英语课堂教学中学习者动用的主要模态是听觉和视觉两种，但这主要是针对语言输入的方式，而决定外语教学有效性的一个重要指标是参与度，更应当关注学生的语言输出，特别是学生要用口头、书面、电子、身体动作等话语模式进行语言输出活动。换言之，一个优秀的教案应当通过各种不同的教学活动来安排，充分发挥多媒体、多模式、多模态教学的优势，这也是在评价教案关于学生主体参与度落实情况时的重要参数。

评价高校英语课程教案的另一个重要观测点就是互动性、参与度、有效性教学原则在教学流程、教学活动中的落实情况。课堂教学的关键在于互动、在于学生的参与，而互动教学成功的关键在于教学设计。在高校英语课堂教学设计中，要充分利用多媒体教学条件，调动多模态学习，悉心布置五大支点，即课堂导入、信息呈现、同伴合作、学习强化和教学评价。

（二）多模态教学的课堂评价

1. 多模态课堂教学评价意义

课堂教学评价是提升高等学校教育质量的重要手段，而课堂教学评价标准的确定又是实施课堂教学评价的关键性环节。高校英语教师课堂教学评价应当根据高校英语教学要求、教学规律、教学原则及课堂教学目标，运用科学的评价技术、手段和方法，对教师课堂教学效果和课堂教学目标的实现程度做出价值上的判断。高校英语课堂教学的评价标准应突出英语课程特性，应当科学、有效地实施教师课堂教学评价，促进教师专业发展，提高高校英语教育的教学质量。

高校英语课堂教学评价具有评定、改进、激励等功能。在高校英语教育教学的改革中，教学主管部门应当充分发挥听课、评课的功能，通过评定和激励功能，重在改进。科学、公平、合理的课堂教学评价，有助于调动教师参与教学改革的积极性。通过课堂教学评价，可以了解教师课堂教学的质量和水平、优点和缺点等，通过课堂教学评价所提供的反馈信息，使师生明确教学目标的实现程度，明确课堂教学活动中所采取的形式和方法是否有利于促进所规定的课堂教学目标的实现，提高教学设计的意识和水平，积累经验以便在以后的教学中更好地完成教学任务，不断提高教学质量。

2. 多模态课堂教学评价要素

开展课堂教学有效性评价工作，必须从教学系统要素及其相互关系出发，特别要从高校英语多模态课堂教学实际出发。与常规课堂相比，高校英语多模态课堂教学是信息教学技术与高校英语课程的整合、融合，它遵循"教师主导—学生主体"的教学结构，采用"自主、探究、合作"为特征的教与学方式，为学生构建一个新型的学习环境。所以，评价高校英语多模态课堂教学的效果，不能只停留在传统课堂教学评价的层次，必须充分考察教学媒体的重要作用，从信息技术与课堂教学整合的视角来看待。对一节课的教学评价，应当站在主体间性的哲学高度，从教师、学生两大要素出发，而将教学内容和教学媒体的评价分别融入教师、学生两大要素的评价之中。

（1）教师要素评价。教师作为课堂"教"的主体，是课堂教学的设计者、实施者、组织者。在以教师授课为主的教学环节中，教师是信息的载体，通过各种途径、方法，向学生源源不断地输送知识信息、语言信息、思想信息、心理信息和学习认知策略信息；在以学生为中心的学习活动中，教师是有力的组织者、参与者和促进者，通过有效的教学任务设计和课堂组织，帮助学生积极主动地探索知识和技能，培养学生的合作意识和批评思维能力。在整个教学过程中，教师的信息素养很大程度上决定着教师对教学媒体的使用和对教学模式的改革，决定着教师主导作用的高下，往往也决定着学生主体地位的落实和效果。

课堂教学的质量取决于教师的专业水平、教学水平、教学风格及品行情操等诸多因素，取决于教师的信息素养及其对媒体间性的综合运用效果。不同的评价体系、评价标准及评价主体，就会有完全不同的评价结果。课堂教学评价具有很大的主观性。但是，可以通过分析教师所设计的教学流程和教学活动，分析教师所采用的教学手段及其在整个课堂教学过程中所扮演的角色和表现，从而比较客观地了解教师是否完成了教学目标任务，判断教学效果是否理想。

（2）学生要素评价。课堂教学评价中，不但要考察教师的教学设计、教学组织和行为表现，也要评价学生通过教学所发生的变化及取得的进步，特别是要考察以学生为中心的学习活动、学习方式和学习效果，因为学生是课堂"学"的主体。结合关于多媒体、多模式、多模态课堂教学的原理，应当侧重于学生运用多媒体"学习"的模式（语言输出）和表现。

在以教师为主导、以学生为中心的"学"的活动中，学生是学习的真正主体。学生通过运用各种媒介和交流模式，独立完成或以同伴或小组等不同方式参与完成教师所设计的教学活动，学习语言知识，强化语言技能，提升跨文化素养和批判思维意识。针对学生主体的课堂教学评价，不仅要考察学生的学习表现，如学习动机、学习中心地位、学生参与度、自主学习能力与协作意识、批判意识，并通过对上述因素的分析了解学生的学习效果，还要考查学生自身对课堂教学效果的反思与评价。

3. 多模态课堂的听课与评课

新媒介时代背景下，教学媒体在教学系统四要素中的地位和作用毋庸置疑。但是，在基于计算机与课堂的高校英语课程教学环境下，听课、评课不能只关注多媒体使用的多少、多媒体使用时间的长短、话语模式的多少、模态搭配的好坏。在教师专业发展中，教师一定要把握住以促进"教"与"学"为根本宗旨的听课评课原则，树立正确的听课评课观念，心中始终装着"学生"，关注教学的效果。

听课、评课的真正目的并非为了批评或筛选，其根本宗旨在于促进和提高。通过观摩同行授课，或者调查自己学生对自己课堂教学的评价意见，通过自己评价他人的课，或者通过参与教学竞赛观摩讲评等活动，进行深入的反思和研究，重点分析同行在教学过程中所表现出的教学观念、教学策略和智慧。通过丰富多彩的听课、评课活动，教师可以不断更新自身的教育教学观念，不断丰富自身的教学个性和风格，不断吸收同行的优秀理念、模式与方法，以便在研究中行动，在行动中研究，不断促进自身的专业发展。

同行听课、评课是教师行动研究的一种重要途径。在听课过程中，听课者应当做好观察与记录。当然，观察哪些，记录哪些，取决于听课的目的及听课者的听课观念、态度和素养。假若听课的目的是通过观察课堂事件发掘学生的参与度和教学效果，那么，观察和记录的焦点就应当放在学生身上，换言之，要通过观察学生在课堂上的活动方式、内容和效果，分析学生的主体地位、课堂参与度和学习效果。假若听课的目的是通过考查学生课堂参与度的话，那么，观察和记录的焦点就应当放在教师、学生主体及其运用各种教学媒体进行交流的话语量上。

听课不是目的，听课后的交流才是听课的实质意义所在。听课后的交流通常被称为评课。评课不仅包括执教者的自评也包括听课同行的观点表达和咨询指导。这里的"评"字不仅仅是评价，更重要的是交流。因此，要先请执教的老师进行自评。开展教师自评时，教师可以谈自己对教学目标的定位及其与整个单元目标或学科目标关系的理解，也可以谈自己对教学重点、难点的处理方式，以及学生课堂表现与教师最初设计之间的差距等。教师自评之后就进入了实质上的评课阶段。评课者可以从评课标准、教师理念、学习目标达成等角度，清楚明确地阐述自己的观点和立场，不仅要评价课堂设计、教学环节、教学表现等显性活动，更主要的是剖析课堂事件所体现出来的教学理念、教法和学法，引导执教者本人及其他一同听课的老师深入反思，养成在行动中研究、在研究中行动的习惯，不断积累经验，把实践探究与理论创新有机结合起来，实现感性体验与理性思考的有机融合，把每一次听课、评课活动都转化为一次集体智慧碰撞和个人专业成长的机会。

听课、评课活动是教师行动研究的重要途径，其最终目的在于不断从听课、评课活动中吸收营养、改进自我行动。听课、评课后的创造性应用与实践，对于执教老师和观摩听课教师都具有重要的意义。教师是一个在实践中学习、在实践中反思、在实践中成长的专业群体，由外而内的意义建构对于教师的专业发展来说是一个必经的途径。经过听课后的认真思考及评课的同行交流，教师可以在后来的教学实践中，结合自身的理解、风格和特点等，对于听课评课中的收获进行创造性地改造、应用，并进一步反思、探索、体验和研究，以此类推，不断提高。通过听课、评课活动，教师能够获得不同的思想交流、不同的观点碰撞不同的经验分享和不同的设计借鉴，这些都是难得的学习资源和成长借鉴。

第四节　高校英语课程多模态教学模式的构建

随着新科技的不断发展，更多的高新技术产品出现在人们视野当中，并在生产和生活中起着越来越重要的作用。人们也逐渐适应了这些新的科技，开始尝试通过图像、视频等媒介传递和获取信息，我们将这样的一种信息传递方式称之为多模态信息获取方式。目前我国传统的高校教育也与多模态信息传递模式有很大的关系。在以往的高校英语课程教学过程中，教师将教育教学重点和主要精力集中在了语言的模态上，忽视了其他模态的存在价值，最终的结果就是教学效果达不到预期的标准。在信息时代飞速发展的大环境下，我国高校英语专业教师如何做到真正提升英语教学的教学效果就成为急需解决的一个难题。

目前来看，我国对多模态教学的研究主要集中在三个方面：第一，对课堂教学软件的研究；第二，对多模态教学以及学习模型的研究；第三，对多模态与其他模态之间的关系以及在具体的教育教学实践中如何选取不同模态形式来进行有效教学的研究。

一、高校英语课程多模态教学模式的构建原则

多模态教学模式的直观性以及多样性可以使学生拥有更多的时间和空间来更好地进行

英语语言的综合运用与实践活动，这种模式对学生的训练深度和规模也是传统模式的英语课堂所不能企及的，但是需要注意的是，这些教学模式都是双刃剑，只有处理得当才能够将学习者的注意力集中到知识的学习上，从而达到增强记忆力的作用，如果处理不得当就会影响学习者的注意力，对学习者知识点的学习也会产生干扰。因此在构建多模态教学模式的时候，模态与多媒体之间的结合一定要遵循教育教学的相关原则。

（一）有效性原则

"有效性原则要求教师在选择何种模态进行教学的时候要以更好的教学效果为目的，避免使用到无效的模态。"① 当我们的英语教师用课件来给学生展示语法要点的时候，采用文字、图片或者音频效果等模态媒介时要注重强化含义，要让学生的注意力集中到英语语法知识点上来，运用模态不当很有可能会分散学生的注意力，因此英语教师要根据实际情况来选择正确的教学模态。

（二）适配原则

适配原则主要是指在选择不同模态进行教学的时候，要注意做好模态与模态之间的有效配合进而获取最佳的搭配标准。例如，在语法教学的时候，可以先让学生通过阅读找出重点句子，总结归纳语法要点，然后在实际写作中不断模仿尝试，巩固语法，从而更好地调动学生学习的主动性和积极性，产生意想不到的效果。除此之外，教师要切实把握好教学内容和学生的现有认知水平，一旦选用的模态与这两者不相关或者不适合，那么该模态就不会带来预期的教学效果。另外，教师也要选择好能够顺应自身条件的模态，如果所采用的模态超出了老师现有的多媒体应用能力水平或牵扯到老师过多的精力，那么也可以考虑用其他模态方式来替代。

二、高校英语课程多模态教学模式的构建途径

多模态英语教学是在多模态理论基础上提出的一种新型教学模式，教师可以将选取的语言材料进行编辑处理，然后借助多媒体资源对语言信息进行有效传达，使学生通过视、听、触觉等感官进行多方有效互动，从而创造出一种多模态交替或并举的教学情境。多模态教学模式的提出为英语课程教学提供了一个全新的思路，帮助教师更好地利用包括语言

---

① 韩春晖. 高校综合英语多模态教学模式的构建［J］. 英语广场，2018，（3）：85.

模态在内的多种模态形式，进一步增强教学内容的吸引力，从而将学生的学习积极性提升到一个更高的位置。学生的主观能动性也会在这样的一种状态下被极大地激发出来，学生只有愿意主动地去学习，才会达到最终的教学目的并产生好的学习效果。而我们的高校英语教师在备课的时候也要充分考虑设计需要讲解内容的模态形式和组合方法，并将其循序渐进地引入到课程教学中去。

每堂课开始的时候，英语教师要先对上节课所学习的内容进行检查，以此来了解学生对所学内容的真实掌握情况，这样不仅可以知道学生真正的学习状况，而且还能够起到非常好的监督和管理的作用。然后再进行新课程的导入，选择一些当前比较热门的、学生也感兴趣的话题来引入本节课需要讲解的内容，也可以用一些真实案例来引起学生的共鸣，这样一来学生对所要学习的内容才会有更加深刻的认识，学习起来才会更有效果，例如运用导入图片、视频和音频等方式有效提升学生的参与程度，让学生真正了解所学的知识点，并真实有效地将其运用到实际的生活当中。在运用上述方式导入之后，英语教师还要明确课程的教学目标，通过一些符合学生思维的教学方式将重要知识点传递给学生。相对于单纯的口头传达，多模态形式下的教学效果会好很多。

另外就是增加与课文内容有关的文化背景知识等，它既是帮助学生深入理解课文的必要部分，又是增加课堂趣味性的有效方法之一。鉴于课堂时间有限，这一部分内容可以由教师作为预习任务让学生在课下进行，由学生组成小组在实际学习中去讨论了解。在传统的教学传授基础上，除了传统的字词句和语法学习以外，还要做好相关媒介以及模态模式组合的选择。学生是整个教育教学的主体，所以一切的教学任务都是以学生为中心，教师主要的责任就是给予学生有效的引导。教师可以选取文字材料、声音文件、视频文件、网络教学软件或者自制课件等多种教育教学手段，最大程度地调动学生的多方感官，不断提升学生的学习兴趣和积极性，刺激并促进他们对学习的参与度。例如教师在讲解精读课文的时候，可以将文章作者的观点作为实时教学的话题，组织学生结合一些实际问题来分析探讨；在学习含有多个人物的课文时，教师还可以让学生进行角色扮演，根据各自角色的真实性格来挑选扮演人选，并对所扮演的角色进行深入的分析，让学生将自身脑海中浮现的画面传达出来，教师此时要考查学生对人物心理活动的把握状况，然后针对学生的实际状况来对学生进行引导，这样也有利于加深学生对课文的理解。

除此之外，在每节课的最后，教师还可以设置大约10分钟左右的问题解答时间，在这一阶段，学生就可以将自己在学习中遇到的问题向教师进行反馈，教师可以选择自己帮助学生解答，也可以邀请其他学生一起帮助解答。如果在课堂中提问较少，且时间较充裕，教师就可以对提出的问题进行及时有效的解决，如果解答问题的时间不够，那么就先将这些问题记录下来，让其他的学生进行课下思考，将这些问题作为课后作业的一部分；下节课上课前，教师先不要急着讲解新的知识点，要先将上节课留下来的问题进行详细的讲解，这样也有助于后续课程的学习，这时也就会涉及课堂构建的最后一个关键环节，也是巩固环节，就是课后的作业。

对于大学生而言，课后作业已经不再只体现在笔和本上，而是教师提出的问题，课下时间学生通过自己的能力或者是小组的能力来完成。对于学生而言，课后作业应主要体现三个方面的内容：首先是对本节课的评价及反思，学生在本节课中学习到的内容，对所学的知识有哪些感触和感想，对整节课中的教学环节有哪些不满意的地方，如果自己是教师，可以从哪些方面进行改进；其次是思考其他同学提出的问题，看一下这些问题是不是自己也在关注，做好解答记录；最后是做好常规的课后习题和预习工作，在课下学生可以通过小组的形式，互相交流、互相促进、互相补充，更好地完善自身对本节课程中知识点的学习。

三、高校英语课程多模态教学模式的构建启示

高新技术的不断发展以及网络的不断更新完善，使人们更愿意选择通过图像、声音等媒介的直观形式来传递和获取信息。而对于英语教学而言，这些新的教学模式就是一种全新的挑战，一方面人们逐渐将教育教学的重心转移到了多模态交流当中，使得传统的英语教学模式逐渐失去了吸引力，学生的学习兴趣明显降低并陷入了被动的局面，学习的整体效率大幅度下降。但是从另一个层面来考虑，它的出现为我国的英语教学提供了全新的教育教学思路，推动我们通过构建多模态教学模式来不断丰富我国英语教学的教学内容，完善教学形式。

高校英语多模态教学模式的构建是当前很值得我国高校英语教学认真思考的一个话题。将多模态的理论引入英语教学，重视语言材料的编辑处理，有效借助多媒体资源，创建多模态交替或并举的教学情境，为学生提供视、听、触觉等感官的互动。它不仅可以提升我国高校英语教学的教育教学水平，而且还能够构建培养高质量英语专业人才的教学体系，有效提升学生的思维创造能力，促进学生良好的英语学习态度和兴趣，培养学生在英语语言学习和实践的过程中的合作精神、自主学习能力、创新能力和实践能力，培养国际化人才，满足社会需求。

第五章 高校英语课程微课教学模式的创新

第一节 微课教学及其在英语课程中的使用环节

一、高校英语中微课教学的认知

"微课作为新时代的全新教学模式之一，凭借内容的精要化、时间的灵活化、主题的鲜明化以及形式的多样化等一系列特征，引起了我国高等教育领域的高度重视。"①

（一）微课的产生与特点

广义的"微课"一词可以囊括"微讲座""微课程""微课教学"三种含义。尽管"微课"的理念、形式和实践早已有之，但借助当代信息技术与通信技术，微课演变成为一种可普遍推广的教学行为，一种由普通教师而并非需要专业人士就可以设计开发和记录优质教学资源的手段，并因此而促发催生多种基于微课的创新教学模式。

1. 微课的产生背景

"微时代"，指人们以各种小巧便携的移动终端为载体，通过微博、微信等随时随地了解全球资讯的时代。在教育领域，微课正在开启教育的"微时代"。随着移动通信技术、社交媒体的逐渐运用以及以开放、共享为理念的开放教育资源运动的蓬勃发展，微课作为一种重要的教育资源，日益成为教学模式改革的崭新尝试。

微课又称微型课程、微课程，是指时间控制在 10 分钟之内，有明确的教学目标和主题，内容短小精悍的视频小课程。微课内容"小而精"，能够有效解决教与学过程中的重点、难点，以一定的组织关系和独特的呈现方式营造主题式的单元"小环境"。微课不同

---

① 汤海丽. 高校英语信息化教学改革与微课教学模式探究 [M]. 北京：冶金工业出版社，2018：69.

于传统单一资源类型的教学课例、教学课件、教学设计等，而是新型教学资源。因此，微课能充分利用移动信息技术，切合信息时代学生的认知特点，让学生自由选择时间和空间对课堂教授内容进行深入学习，并且通过师生在线交流使教与学相互促进，为传统课堂教学提供重要补充，有利于提高教学实效性。

微课这种新型的教学资源应用模式是传统教学模式在"微时代"下的衍变，其特征可用"短""少""小""多"来概括，具体如下：

（1）短——教学时间短。根据学生的认知特点和视觉驻留规律以及记忆时间曲线原理，与一节课40分钟相比，微课是浓缩的精华，一般只有5~8分钟。

（2）少——教学内容少。一个微课就一个主题，讲述的是一个具体问题、一个明确的观点。和传统课堂的教学内容相比，微课的问题聚焦性强、主题突出、指向性明确，所有的教学设计与制作都是围绕某个知识点展开。

（3）小——资源容量小。从大小上来看，微课视频及补助配套的资源总容量一般在几十兆左右，所占存储空间非常小。因此，师生可以流畅地通过计算机或移动终端设备进行学习和保存。

（4）多——资源类型多。微课按照课堂教学方法可划分为十多类，如讲授类、问答类、启发类等。丰富的课件资源为广大教师进行教学、反思和研究提供了充足的素材，也为学生进行自主学习、合作学习提供了帮助。

2. 微课的基本特点

（1）教学时间较短。教学视频是微课的核心组成内容。根据学生的认知特点和学习规律，"微课"的时长一般为5~8分钟，最长不宜超过10分钟；本科与高职的微课一般在15分钟左右，最长不宜超过20分钟。因此，相对于传统的40分钟或45分钟的一节课的教学课例来说，"微课"可以称之为"课例片段"或"微课例"。

（2）教学内容较少。微课不同于传统的教室，其在实际教学中主要针对特定的主题以及教学重点来展开，这更加便于老师进行对主题的教学。微课存在的价值是为了突出课堂教学中所要表达的重点以及难点问题，通过聚焦的方式进行二次学习，这样使得所要教学的课题更加精练，同时也便于学生的学习和理解。

（3）资源容量较小。微课主要采用视频以及其他补助教学硬件来展开，例如，一堂微课在电脑上所占用的空间只有几十兆字节左右，同时在视频格式的选择上也是非常丰富，几乎涵盖了所有的媒体格式，这样师生在进行教学以及学习的过程中就方便了很多，同时资源量小的微课资源也非常便于储存和携带，通常一些常用的存储设备都能够很容易的进行储存和转发，这样更加方便了老师的讲课以及学生的学习。

（4）资源构成"情景化"，资源使用方便。微课采用的教学形式非常多样化，同时其所要表达的教学内容也非常明确以及完整。视频片段的播放方式以及多样化的多媒体素材等更加容易使教学内容变得情景化，从而加深学生的共识以及理解。老师在进行微课教学时利用情景化的教学课件更容易将学生带到教学情境中，这样学生将会更加真实和具体的体会到教学中的内容，同时这种教学方式还能够锻炼学生的思维能力以及感知能力，长期微课的学习同样可以提高教师的技能以及专业能力，从而提升课堂教学质量。学校同样可以针对微课进行教学改革，利用微课带来的优势补足自身在教学模式创新方面的弱点，从而加强学校的影响力。

（5）主题突出，内容具体。微课通常表现的主题非常精练而且专一，这就体现出了微课具有主题突出，同时内容具体的特点，通过对单一问题以及难点的精练以及学习，可以加深学生对于知识点的理解，同时微课在解决一些如学习策略、学习方法等非常具体而明确的问题时具有非常积极的作用。

（6）草根研究，趣味创作。微课以短小精悍而著称，正因为如此，人们不必担心过于负责的课件内容，而仅仅针对自己感兴趣或者自己专业所学来进行制作，所以微课被越来越多的人所研究和创造，微课因教学而存在，所以这就说明微课中所要表达的内容一定是与教学相关联的，是在表达一些教学方法以及教学内容，而不是专业的去论述某一个观点或者学术内容，所以这就决定了微课所创造的内容一定是与教师息息相关的。

（7）成果简化，多样传播。微课所表达的内容非常清晰、完整，而且微课所表达的主题非常突出，所以微课的教学内容很容易被学生理解和学习，并且因为微课采用的形式比较前卫，所以微课的传播方式非常方便而且多样化。

（8）反馈及时，针对性强。微课教学内容少，而且教学时间短，教师在教学结束后很容易能得到学习者对于教学内容的反馈。同时微课的作用是进行教学的辅助，从而使得教学内容更加具有针对性。

（二）微课教学的具体设计

1. 微课教学及其设计分析

教学设计强调的是在进行教学活动之前，根据教学目的要求，运用系统方法，对参与教学活动的诸多要素所进行的一种分析和策划的过程。简而言之，教学设计是对"教什么"和"如何教"的一种操作方案。

教学设计必须依据自身的授课目的及效能，从整体上考核授课过程中的各个环节以及中心内容，同时对整体和局部进行调整，便于制定周期短、中心准、内容关键的课程。

需要强调的是，一般的课程计划大都根据老师及学生两者的内容进行，全部的授课计划包含有老师和学生之间的配合，但此类课程的授课计划关键在于老师一方的授课计划，上课过程中无老师和学生的配合，关键在于课程里面及课程之后学生的主观意识和实际的测验、分析及试练。

微课的质量高低，首要因素就是微课的教学设计。合理的教学设计是保持学习者注意力的最佳方式，其次才是微课的表达形式。其为授课计划概念在此研发经过里的使用，此课程计划必须要重视学生的主观获得知识的能力，而且更要思考习得时间的不完全性，习得的方面应该为单独的学识部分抑或能力方面，学习工具的丰富性，学习方法的独特性及数字化，授课行为是一点，属于学生按照音频点的自主习得。

在重难点的微课设计中，微课教学设计应考虑微课讲授知识时要高内聚、低耦合的特点。内聚就是指微课内部各个知识模块之间关系的紧密程度，耦合就是各个微课之间的知识关联的紧密程度。所以，高内聚要求单个微课描述的知识要紧凑、要独立，低耦合则强调了微课与微课间的联系要少，这样学习者更容易明白。在综合知识的微课设计时，则要主动加强知识之间的联系，使学习者能够综合运用所学知识。

2. 微课教学设计的模型构成

教学设计的系统模型在微课中的应用，结合高校英语教学的特点以及人们对教学设计过程模式的理解与认识，形成微课的教学设计模型。

（1）学习需要分析。授课体系拥有特定的目的，授课目的明确，有利于对授课体系情景进行解析。授课体系的目的需要按照多方的教学体系情景条件去明确，此为制定授课计划的思维点。由上可知，进行授课计划前，一定要对授课体系的情景进行解析，这一过程，即为针对学习需求的解析。在理性解析学习需求的条件下，才可制定且明确授课计划题目的目的。而且也有更多其他问题进行考虑。于学习需求的解析里，一定要处理老师"教学的目的"，学生"学习的目的"这些关键问题点。

（2）学习内容分析。依据授课目的的指向，不同年级、不同校园有着不同的培育目的，不一样的科目需要明确不一样的授课目的。依据科目目的，明确科目的条件，选择授课素材。基于此，按照科目的综合目的，明确部分目的，在明确过程中，重点强调解析学生应该习得哪些学识及能力，实现怎样的目的及水准甚至得到怎样的技能及心态，让自我的身体和心理获得怎样的进步。科目的解析和学生的解析息息关联，不但需要思考老师怎样授课，还需要思考学生如何习得全部知识点。概而言之，于科目的解析里，一定要处理老师授课内容、学生学习内容这两方面的问题点。

（3）教学目标的设计。基于学生需求、课程及学生自身的情况，制订相应的授课计划。授课体系方式及当代授课论点的重要内容包括：授课目的需要之前进行明确，授课计划需要明白解释学习成效，且按照实际的、确定的专业用语来表达，授课前，一定将授课目的清楚地传达给学生，让老师和学生都清楚授课的目的，使双方心里都明白，达到高效的教学，授课松弛有度。相关学术研究人员表示：应该按照学生经过学习之后希望完成的方式更改详尽的目的去明确授课目的，清楚详细的授课目的可帮助授课战略的确定及授课媒介的抉择，而且给授课评断提供了根据。

（4）教学策略的设计。明确了授课目的，授课战略也得明确。授课战略为进行授课的授课指导、方式方法、技能三方面的综合体，属于思考方式与这三点整合一起达成的方式方法。授课战略是为了达到某方面的授课目的而产生的，用于授课过程的全部计划。合适地进行授课，选择详细的授课方式及素材，进行师生遵循的授课方式的流程。授课战略为达到授课目的的关键方式，属于授课计划研发的关键。授课战略主要研究科目的种类及构架、授课的程序和快慢、授课行为、授课方式、授课样式、授课的时间、授课行为失败解决方式之类的问题。总而言之，授课战略主要处理老师怎样进行教学及学生怎样去学习的问题点。

授课战略的计划应该思考许多方面，一定要创新性地进行授课计划，灵敏地进行授课行为，精巧地计划各方面，合适地利用多方元素，让其成为一个最佳的构成，来实现全部的功效，达到利益最大化，要按照低消耗高效能的准则进行。

（5）教学媒体的设计。以前，使用的授课工具主要是黑板及粉笔，但当代科学技术的发展使得教学工具日新月异。因此，可供选择的授课工具变得多样化，选择方式变得更多。不但需要选择授课工具，也应该根据实际情况去规划授课工具。授课工具的规划要以授课的事实情形及详细条件为根据，把授课内容及方式转变成纸质抑或音频之类的便于使用的方式，将课程完全呈现给学生，让学生可以消耗少的精力，通过简单、方便的方法，得到高成效。

（6）微课教学过程的设计。综上所述，制定授课计划的人员就能够开始计划授课经过了，就是通过程序表方法，简单地表达授课的经过，简洁地阐明每个元素间的彼此关联，更形象地阐明授课经过，便于老师进行授课。因此，普通情形中，微课类授课计划能够使用思想指导图文的方式达到。

利用图片、文字两方面的技能，可以将需要论述的相关元素通过相关联的图片呈现出来，将重要词汇和图片、色彩关联起来，其充分利用了类似于人类左右大脑功能这一特性，通过回忆、读写、思想等规则，补助相关研究人员在科技和学术、思维和创造力方面均衡进展，进一步打开了人们大脑皮层的潜在能力。

（7）教学设计的评价。教学设计的评价方面关键在于形成性方面，于授课计划成效开展应用前，来知晓授课计划是否高效、是否可操作、是否可以实施。在此，授课目的是否可达标为授课计划进行方法评估的关键点。若无实现当初的授课目的，就应该对授课计划进行修订，然后试点，再次修订直至完美。

3. 微课教学设计的模式与策略

分析学习者特征可以明确学习的起点，分析教学目标可以明确教学的终点，那么如何教与学就是选择适当的教学模式与教学策略的问题，这也是核心问题。

（1）教学模式与教学策略。授课模式于特定的教学想法、授课理念及授课观念引导下，达成相应的授课目的及课程，关于某类题目产生的相对平稳并简单明了的授课进度构架和详细能够进行的授课行为方法。授课论点和授课行为的连接点，不但是授课论点的使用，于授课行为有着直接的引导成效，还是授课行为的简化版、论点观念的总结，能够充实及发扬授课观念及论点。

通常把授课策略解释成在不一样的授课环境下，为了实现不一样的授课成果而使用的形式的总体，其表现在授课和学习彼此配合的行为里。含有两种分类，即普遍性和具体性：①不和详细的科目学识及技巧能力的授课息息相关方面的战略，如动力推进战略、主动学习战略之类。②对于某种实际学识及技巧授课方面的战略，如写作授课战略、英语读写授课战略之类的。

尽管于实际应用的方面，授课形式、授课战略还有授课方式间的关系并不明确，可学术界表示，相比较起来，授课的形式居于高层级，决定着授课战略、授课方式，授课战略相比授课方式要详细、实际很多，被授课方式约束。于某种授课方式里面，能够使用更多的授课战略；而且，相同授课战略能够应用在多方面的授课方式里面。

（2）常用的教学设计策略。在授课观念和实际应用方面，产生了适合多种学习目标的授课方式，有的表现了将教学作为主流的授课想法，有的重视学识。接下来就将某些意义深远的授课计划方式作为案例进行讲解，让大家了解学习。

传递，接纳授课方式及九段授课方式主要表达了将教学作为主流的授课想法；引导，发现授课方式、抛锚式、支架式等授课方式，尤其重视场景的创造、以学生为主的展现，提倡民主、配合、研究的学习方法及战略，所以，具备更为明显的信息化、数字化情景中的授课特点。除此之外，随着科学技术的不断发展，教学方面也一步步研究及产生了更多的信息化的授课方式。民主、配合及研究的学习形式不但属于信息化授课的关键特点，也为新科目革新所提倡。以下主要分析自主学习及协同学习。

1）自主学习策略。自主学习的中心点为发扬学生自主学习的踊跃性，充分发挥学生的主观能动性，出发点在于怎样补助学生去高效的学习。所以此种授课战略的详细方式尽管多样化，可自始至终横贯着一个中心点，即为主观研究、主观挖掘。因此，一般将此神授课战略命名为自主学习策略。但是，因为有的老师并没有充分知晓这一战略，致使其于实际的应用中问题不断。

学生主观上积极进行学习的形式多样，一些看似主动的学习形式，缺少对于授课素材、学生特点方面的详细了解，只是追逐方式方法的多样化，将推进学生价值建设的关键目标忘记。所以，于此类战略计划上，要强调三点：第一，重视人的设计；第二，目标明确；第三，重视教师的指导。

2）协作学习策略。协作学习策略按照团体、组队的方式，协调学生合作，以达到某一特定的教学目标。此过程中，学生中要有和睦的氛围、彼此配合的心态，针对一个问题通过多方面去研究，对比、解析及结合。学生之间要学会分享资料，一起担负学习的职责，一起享用成功的快乐。一般常用的战略为角色扮演、讨论等。在设计协作学习策略以及协作学习过程时，要注意以下方面：

第一，建立合适的协作小组。此为学生要组建一个团队，内部人员互帮互助、一起进步，经过商讨，深入问题的见解。所以，产生一组数量合适、层级分明的合作团队对协作方面的学习成败十分关键。若人数多少不合理或组内人员配合不当，就会导致配合失败抑或配合不完全，那此类学习成效就会有所降低。

第二，学习主题具有挑战性，问题具有争论性。此类学习的主旨可为老师派发，也可为学生自身下达。学生共同处理的问题可为关于主旨并可以引发争论的原始题目，可为升华主旨的题目，也可为稍微超纲的题目，此问题是否具备讨论性，与是否需要进行协作方面的学习相关。

第三，重视教师的主导。其计划及学习的经过，老师的参与很重要，老师需要给出争论性的题目和评判的形式。此过程中，老师需要重视每个学生的发挥，发挥优异的学生要给予奖励，而跑题或者解答有误区的学生就需要进行积极的指导，辅助其进行解答；而学生们在辩论的经过里展现出的对于某种定义或见解的不确定或错误的问题，需要通过恰当的方法来指导；在全部的协作学习的经过中，老师需要给出合适的点评。

二、微课教学在英语课程中的使用环节

借助微课来展开教学，与其他教学模式一样，也是由三个环节构成——课前准备、课中授课、课后反馈，在此过程中微课存在的价值是不容忽视的。

（一）课前准备

在课前准备期间主要得从三个方面进行准备：首先，根据全班学生英语的基本情况拟定一个科学合理的学习计划，要充分利用学生的闲暇时间，让学生在课前一边观看微课，一边拟定一个适用于自己的学习方式，这样他们在未上课之前就已经体会到浓浓的学习气氛；其次，通过所制订的学习方案，让学生清楚地明白本堂课的教学重难点，再根据学生英语学习的基本情况，编写一个可以容纳所有教学重点的导学案，以此来激发学生的学习热情，让他们积极地投入学习中来；最后，老师要在备课的时候认真钻研教材内容，预先勾选出教学中的重点难点，让学生在课前就翻阅资料进行预习，某些内容可能涉及以前学过的句型、语法，将其挑出并让学生进行复习，以加深印象。

（二）课中授课

课中授课阶段主要有以下四部分内容：

（1）导入课题。导入课题部分尤为重要，只要导入成功，可以提高学生的学习热情。所以老师可以用讲故事、说笑话、做游戏这样的活动进入课题。

（2）借助微课来讲解本堂课的具体内容。通过由浅入深的分析，将所授内容进行归纳整理，以便于学生对知识点的掌握。

（3）借助做习题的方式帮助学生加深印象，并且将所学知识用于实际。老师能通过这种方式来检查学生对知识的掌握情况，出错率高的知识点应该再次讲解分析。学生也能通过做题了解自己知识的薄弱点，可以选择当堂询问老师，也可以选择课后学习理解。

（4）知识延伸。首先老师为学生解疑释惑，然后回顾本堂课的重要内容；其次借助做习题的方式检查学生对知识点的掌握情况；最后在已经熟练掌握所学知识的条件下，再进行更高层次的知识的学习，开拓学生的视野，扩充学生的知识面。

（三）课后反馈

课后反馈阶段主要有以下三部分内容：

（1）课后的作业布置。下课之后布置与课程内容相关的题目，用来检查学生对教学内容的掌握情况。

（2）学生的自主温习。如果在课内有个别内容未能消化理解，在课后找到相对应的微课视频进行再次学习。当然，在进行温习功课的时候也可以选择再次浏览微课视频，不仅能帮助学生梳理所学知识，还能再现课堂内容，加深印象。

（3）学生互动讨论。若在学习上遇到困难，可以借助微课视频和同学们进行探讨，通过这个环节，自己不仅解决了问题，还巩固了知识。

总而言之，微课是通过影像的方式展开教学，它具有简短精炼，运用灵活，传递知识快捷等特征，成功战胜了传统的灌输式教育，提高学生们的学习热情，让他们在英语学习上化被动为主动。微课的诞生颠覆了传统的教学模式，它把知识要点浓缩在一个教学视频上，虽然教学内容少，但重点突出，具有针对性；虽然视频时间短，但把时间交给了学生，只要在这短短的几分钟内认真观看视频，就能掌握基本要点，其后的时间可以自主钻研，这才是真正把课堂还给了学生。

第二节　微课教学模式下的学生自主学习能力

目前，英语微课教学的广泛普及使自主化学习成为高校英语教育的主要方向。为此，高校应紧跟时代发展步伐积极地做好微课教学实践，利用现有的信息化教学条件发展大学生自主学习能力，从逻辑思维的角度树立大学生自主学习意识，提高大学生主动学习的总体水平，弥补传统英语单元化教育的管理性不足，为未来高校英语教育的科学化布局奠定良好基础。

一、微课教学模式下的学生自主学习能力发展的条件

（一）完善英语知识体系

"完善的英语知识体系是英语微课教育模式应用的重要基础，不同于传统教育方式的是微课教学要求学生必须具备良好的英语解读能力，对不同的语法与词汇的使用应当符合标准化的要求，尤其是基于自主学习能力开发的微课教学设计更应保证学生英语指数的积累可以达到基准及格线，以此确保微课教学模式的实践运用可以在提高教师教学水平、学

生学习能力等多个方面发挥作用。"①

1. 完善英语知识体系的目的

英语知识体系构建得益于长期的学习积累，而英语教学模式的应用则要求学生对微课课程的教学内容能够充分消化吸收。正因如此，完善英语知识体系显得尤为重要，是英语微课教学实践的前提条件，也是保证微课教学有效性的基础途径。相应的，对于大学生群体自主学习能力的开发和英语知识体系的完善，虽无法帮助学生形成自主学习思维，但是却为学生自主学习习惯的形成提供可能性，使微课教学与学生自主学习能力培养衔接更为紧密。从知识储备的角度为学生自主学习意识养成提供支持，让英语微课教学的自主学习培养成为大学生融入英语学习环境及参与英语学习实践的重要导向，进而对未来阶段英语教学工作的深入开展做进一步教学铺垫。

2. 完善英语知识体系的意义

传统的英语教学模式可以满足短期的教学需求，对于未来阶段的教育信息化发展而言将难以与未来教育发展环境相契合。为更好地提高未来阶段高校英语教学能力，高校应当从英语微课教学体系着手加强对基础英语知识教学的巩固，提高大学生对英语基础知识的掌握能力，使微课教学在英语教育方面的有效融合可以充分地发挥自身的教育优势，同时亦可为高校大学生自主学习能力培养创造有利的教育条件，以推动微课教育的长效化发展。此外，英语微课教学由于内容涉及广泛，可以为教师未来阶段以学生学习诉求为基础科学设计教学规划提供有效参考。继而，一方面，帮助教师充分了解学生个体学习需求；另一方面，也为大学生未来阶段更好地融入岗位工作与深入学习夯实基础。

（二）丰富英语教学模式

微课教学模式应用是信息化教学体系建设的重要一环，也是推动教育多元化发展的主要助推剂。因此，以微课教育为基础平台开展多元化教育延伸将有利于提高大学生英语学习兴趣，使其能够针对自身的学习条件积极地进行学习实践，通过微课教学帮助学生发现问题、分析问题并解决问题，在不同的角度满足学生多元化的英语学习诉求，让处于不同学习阶段的高校学生均可在微课教学推动下不断地自我提升。

---

① 刘慧. 英语微课教学模式下大学生自主学习能力发展的实证研究 [J]. 黑龙江教师发展学院学报，2020，39（6）：136.

1. 丰富英语教学模式的优势

相比于传统的教育管理模式，多元化微课教学的基本优势在于其改变传统教学格局，加速教育的扁平化发展，让教学资源能够充分平衡，避免传统教学模式下优等学生学不够、普通学生学不好的情况，使学生具备自主发现学习问题的能力，并可以根据微课教学按学习需求调整课程内容，大幅降低传统模式下大学生英语学习负担，保证教育管理与教育实践的有效对接。所以，多元化英语教学模式的运用本质上是利用微课教学高效化、便捷化优势改变传统全面覆盖的教学方式，让学生成为掌握教育学习方向的掌舵人。以此更好地培养大学生自主学习意识，通过良好学习习惯的塑造使其适应以微课教学为主体的英语自主学习环境。

2. 丰富英语教学模式的特点

多元化教育是指利用现有教学平台开发多样性教育资源，使具备不同特点的资源内容与课堂英语教育有效融合，增强英语微课教育内容的丰富度，在开拓学生英语学习视野的同时，为高校学生更好地融入英语微课学习环境创造良好契机。多元化英语教学并非是简单地增加教学方式，而是将微课教学与自主教育充分结合使其发挥各自的教育培养特点，让英语微课教学摆脱传统教育管理模式的束缚，从根本上为高校学生塑造多元化趣味学习环境，进一步改变传统枯燥的英语教学方式，使得英语教育学习要点内容真正地通过微课教育得到有效传递。故此，促进高校教育自主化发展，使微课教学的灵活性、可控性特点得以在教育实践方面充分体现。

二、微课教学模式下的学生自主学习能力发展的内容

（一）重视微课教学的趣味化设计

兴趣引导始终是教育工作不可或缺的教学方式。大学生微课教学也应重视兴趣教学管理，通过增强微课教学趣味性使学生能主动地融入微课英语学习环境。例如，在针对具有地域色彩的英语俚语微课教学方面可以将学生感兴趣的英语影视作品元素融入其中，让其充分感受到不同英语俚语其使用环境的差异，并以此为引导逐步对周边环境进行拓展，解决学生英语学习积极性不高或学习自主性缺失问题。另外，微课教学趣味化设计本质上也是活跃教学气氛以及提高教学灵活性的一种有效方式，摆脱大学生英语学习对英语教学的刻板印象，帮助大学生以更积极的姿态投入学习环境，以便为后续阶段大学生自主学习能力培养做好充分准备。

（二）加强微课教学信息化互通能力

增强微课教学信息化互通能力是指增强学生与教师间沟通的有效性，保证学生微课学习问题能得到及时反馈，一方面让教师对学生学习状况更为了解；另一方面也使英语微课教学能切实地在纠正学生学习错误与提高学生学习能力方面起到积极作用。例如，教师可以运用微课教学平台对学生英语学习问题及时指正，学生方面也可通过微课为学生结合教师给予的相关意见自行解决英语学习问题。如此往复，学生的英语学习能力必然得到一定程度的提升，而教师也能根据不同学生的学习能力与特点合理地布置后续阶段教学任务。继而满足学生与教师的教育学习需求，让英语微课教学的大学生自主学习能力培养可以成为高校信息化教育的沟通桥梁。

（三）构建独立的微课教学管理模块

独立微课教学管理模式建立有助于弥补传统信息化教学管理的不足。传统信息化教学之所以存在诸多的教学实践问题，归根结底是教学管理未能突破单元化教学束缚，导致大学生英语学习难以根据自身的英语情况弥补短板，在浪费教育资源的同时也使教学效率有所下降。而建立独立教学管理模块则可以将学生微课学习加以规范，最大限度给予学生自由学习空间，并保证学生能够在学习过程中遵循规范化标准，避免英语微课教学流于形式，增强大学生英语微课学习的自律性，通过不断学习规范让学生养成良好的自主学习习惯，进而为高校学生英语微课教学的稳步推进奠定良好的自主学习基础。

三、微课教学模式下的学生自主学习能力发展的策略

（一）明确新的英语教育学习标准

英语教育学习新标准确立的目的在于使大学生认识到自主学习的重要性。微课教学作为一种信息化教育方法为高校学生提供了必要的自主学习条件，但如何使学生了解自主学习并参与自主学习则是微课教学模式的大学生自主学习能力开发的核心难题。所以，高校应当在英语教育学习标准方面加以完善，通过让学生了解自主学习的优势及微课教学特点，提高学生对微课教育学习的思想认知，保证微课教学的大学生自主学习能力培养的可行性，从学生学习、教师教学两个维度做好教育管理服务，改变传统大学生被动学习的局面，让自主学习在提升高校学生英语学习能力方面发挥积极作用，使新英语教育学习标准

实施成为大学生融入微课自主学习环境的主要推动力。

（二）建立新的信息化微课教学平台

微课教学信息资源来源相对广泛，为保障信息教育资源应用的真实性、可靠性，高校需要基于英语教学现状构建系统化微课教学平台，利用信息教育共享优势积极开展教育合作，将有利于英语专业教育的信息资源纳入微课教学体系，以便结合本校学生的英语学习特点设计微课教学环节。例如，高校教学信息数据库的建立即是一种对信息化教学平台的有效运用，通过高校专业学习状况的大数据分析与高校数据平台的筛选，可为教师教学与学生学习选择最适宜的教育学习方法，让微课教学在高校大学生英语教育的各个方面均可发挥其作用，使长期训练积累能在培养高校大学生自主学习能力过程中逐步自我改变，以确保微课教学在不同角度均能为学生自主化学习提供支持与帮助。

（三）革新英语专业考核的方式

英语专业教育考核始终是衡量学生学习能力与教师教学水平的有效方式。传统英语专业考核依赖纸面数据，英语实践在英语考核方面所占比重相对较低，最终使高校英语教育出现大学生英语口语交流能力不足问题。为此，英语微课教学模式实施应用必须改变传统英语考核方式，降低理论考核的实际比例，结合微课教学特点适量加入实践考核内容，让英语专业考核与微课教学实施充分契合。例如，对某一学期的学生英语学习能力测试可以根据微课教学内容设置多个英语专业考核项目，考核方式分为主动考核与被动考核两种。主动考核由学生选择自身擅长的英语考核项目参与测试，而被动考核则是基于教师对学生的了解，针对学生英语学习薄弱项设计考核内容。以此，运用对学生英语学习优势、劣势的双方向测验得出客观的考核结果，以便学生未来阶段更好地利用微课学习进行自我完善。

四、微课教学模式下的学生自主学习能力发展的实践

（一）加强微课教学的精炼化设计和处理

微课教学精炼化设计主要针对英语教学重复性、非重点的内容进行剔除，避免微课教学出现不必要的教育资源损耗。为此，高校要确保微课教学实践能深入到学生英语学习问题的本身，做好学生自主学习培养。例如，学生对某英语语法的掌握有所不足，教师应当

分析学生英语语法问题产生的原因，若是由于学生对语法解读能力有限导致其对语法掌握能力下降，则要从提高学生英语语法理解水平的角度做好提升，利用微课教学帮助学生对学习薄弱项加以有效强化。如学生仅是因对单一的英语语法结构不了解而出现语法使用错误问题，则无须设计烦琐的教学流程，仅把单元化微课教学内容作为学生主要教学学习重点，即可达到提升学生英语学习能力的目的，同时也能为大学生英语自主学习能力培养创造有利条件。

（二）重视学生的微课自主学习反思思维

学习反思是大学生自主学习能力发展的最基本条件。传统英语教学模式多依赖教师教学点拨帮助学生纠正错误，学生自身并没有认识到错误的产生。所以，导致教师过于直接的教学纠错并不会加深学生对错误问题的印象，容易使其在短期内对错误问题有所遗忘。强化大学生微课自主学习反思思维，则是利用学生自身对英语知识的解读，结合微课自主学习改正自己的学习错误，增强学生对英语错误问题的敏感度，以免学生在后续英语学习阶段在同一问题上栽跟头。另外，大学生自主学习反思思维的强化，实际上也是培养学生反向思想的一种方法，让学生能够从不同的角度看英语学习问题，进一步提高大学生的英语分析能力，弥补传统教育模式下大学生英语学习自主意识的不足，促进高校大学生英语学习的独立思考，使大学生有效突破传统英语学习的环境局限性。

（三）引入微课查缺补漏的纠错学习方法

大学生自主学习能力发展势必改变传统英语教学格局，教师在英语教学方面所扮演的角色也将从掌舵人变为观察者。此时，培养学生英语学习自查能力显得尤为重要。微课教学查缺补漏纠错学习方法的引入主要从两个阶段加强大学生自主学习纠错管理：第一，认识学习纠错的方法，通过微课教学平台自主学习让学生掌握正确的学习纠错方法，根据自身的学习能力选择适宜的方式做好自主学习纠错管理，并将自我纠错、教师评价纠错等纠错方式融入其中，提升大学生基础的英语学习纠错水平；第二，熟练地运用自主学习纠错技巧，利用微课教学提供的多元化学习信息分析自身英语错误问题产生原因，帮助学生认识到错误产生的根本所在，使学生能深入地挖掘问题细节，充分了解自身的英语学习水平，帮助大学生自主地解决相关的错误问题。采用以上方式进行英语微课教学的自查补漏，将从最基础的教学环节上增强学生英语学习独立思考能力，并借助微课教学实践提高大学生英语自主学习管理水平。

综上所述，英语微课教学的大学生自主学习能力发展是培养高校学生独立英语学习思维的有效方法，对解决传统英语教学大学生学习兴趣不足及学习热情不高问题具有重要意义，同时也是现代英语教学发展的主要趋势之一。通过对微课教学平台的引入，能够进一步改善现有的高校英语教育环境，为未来高校英语信息化教育的稳步推进扫清障碍。

第三节　基于微课教学模式的英语不同课程教学

信息、网络与5G技术的迅速发展，将人们带入移动互联和数字媒体时代。媒体技术和移动通信技术的蓬勃发展，不仅深刻影响着人们的生活方式，也改变着学习者的学习方式。学习者可以利用各种碎片时间，使用移动终端进行学习，这使得"微课"作为一种崭新的教学方式和学习方式，应运而生。近年来，教育部也在积极推动"微课"，开展"微课"资源征集与评审等活动。可以预见，"微课"在高校教学中的应用将会越来越广泛。在高校英语教学中应用微课，对增强大学生的英语学习兴趣，培养大学生的学习主动性与积极性，提升大学生的英语水平等具有至关重要的意义。

一、基于微课模式的英语听力课程教学

（一）微课模式对英语听力课程教学的影响

作为英语学习者必须掌握的一项基础技能，英语听力在交际活动中起着重要的作用。微课模式的兴起为英语听力课程指明了教学改革的方向，对该课程教学产生深远的影响。从积极方面而言，微课模式能使学生更了解英语听力课程教学目标，能自主选择学习的内容、时间、地点、交流对象，同时方便教师在管理后台收集学生的反馈信息，并相应调整教学内容。但不能否认的是，微课模式因时长过短以及本身对非语言信息过滤的机制，也对英语听力课程教学造成负面的影响。

1. 正面影响

（1）英语听力课程教学由于微课模式的引入从而使课堂更加立体。在以往的英语听力课堂教学过程中，老师主要负责按照教材规定把听力训练材料合理安排，而学生主要负责仔细听材料内容然后做题，比照答案后再做题，依此循环往复，学生只是完成听力训练工作，没有完全领会每项听力练习内容背后蕴含的目标指向，从而学生学习效率不高，课堂

教学质量较低。但是微课模式中，微课视频具有短而精的特点，可以让学生能够对每堂课的学习目标和学习方法有全面的了解，在进行听力练习时能够有所准备，带着问题听，这对于提高学生学习效果具有促进作用。

（2）英语听力课程教学由于微课模式的引入使教师更容易掌握教学进度。从前英语听力教学，教师负责讲解英语听力的方法，分析听力题的解法，然而教师不能全面掌握学生对这些知识的理解程度和应用能力，从而不能根据具体教学实际调整教学方案。但是微课模式可以让教师通过系统后台检测到学生的听课情况，包括听课人数和产生的疑难问题，进而合理安排听力教学内容。当微课视频观看人数较高时，证明这个知识点学生不易掌握，所以教师应该加大该项知识点的专项练习，帮助学生有效掌握知识概念。

例如，连读在英语听力中是学生比较难掌握的一个知识点，如 allow us 在听力材料中常常连读，但是学生经常误听为 allowance。这种类型的微课视频学生观看得比较多，而且学生也提出段落听写板块也经常出现这种错误。教师就应该在设计这类微课视频时遵循两个原则：①使学生掌握英语连读的规律；②运用技巧使学生灵活运用连读规律认读英语单词。微课视频和传统课件相比，相同点是都能把英语连读的规律直观地展示给学生，不同点是微课视频在英语连读知识点讲解时能够根据学生接受程度适时调整教学进度，不断提高教学难度。微课视频可以按照从初级到高级的难易程度把单词连读的跟读，单词连读的判断，连读单词的听写专项练习贯穿到单词连读主题教学过程始终。教师从系统后台，查看学生每个阶段的学习掌握情况，按照重点、难点针对性地辅导学生。

（3）英语听力课堂由于微课模式的引入使学生掌握了学习的主动权。学生可以根据自己的实际情况自由决定何时在何地开始学习，而且能够按照自己的学习能力灵活选择某个知识点的学习环节、强度和节奏，从而提高学习的实效性。与此同时，通过微课视频的弹幕功能，学生能够在学习时互相交流学习感悟，讨论疑难问题，逐渐从以前老师和学生一对多的教学方式转变为老师与学生之间多对多的无障碍实时交流。教学过程中的交流主体由教师转化为学生。例如，以 note_ taking 技巧为英语听力知识点的微课，借助弹幕学生可以针对听力笔记的学习体会和简化标记等内容进行互动交流。这种形式在微课教学中占据重要地位。

2. 负面影响

微课模式具有双面性，能够提高英语听力教学质量，也会产生不利的方面。首先，因为微课视频有时长限制，一般控制在 5~10 分钟，所以微课模式下的听力课程短小，只适合于音素、单词、短句的听力讲解，对于类似于演讲讲座、脱口秀节目等超时长听力材料不能解读。而且教师如果把一个长篇听力材料截取制作成小段的微课视频，那么就容易破坏原文的语篇连贯性，学生理解起来就变得更加艰涩难懂。所以，微课模式使教师的选择面变窄，即只能针对片段性语句的听力方法和技巧进行讲解和练习，就不能讲授长篇英语材料的听力，这就阻碍了学生英语听力的全面发展和提高。其次，微课模式使英语听力教学变得网络化而且逐渐占据了教学重点，推进了英语课程教学的远程网络化进程。然而，正如大家都了解的，英语是一门语言学科，语言学习就需要面对面沟通，而在网络远程教学过程中，学生进行听力学习时无法真切感受到对话双方的五官和言行等其他非语言信息即 nonverbal information，这些非语言信息可以加疗交际活动主体和客体对交流内容的理解能力，减少语言交流障碍。但是网络化的微课教学方式完全体现不出这类信息的作用，导致今后学生之间甚至与母语使用者进行交流中不能准确传达信息，阻碍了双方的人际交往，也与听力教学的目标相背离。

微课模式的教学方法可以使学生对英语听力课程的整体构成框架有全面的把握，提高学生的课堂参与性，培养学生浓厚的学习兴趣，从而使英语听力教学以教师布置课程为重点转为学生自由选择学习内容。学生在微课视频内容、观看时间、学习地点、观看次数和互动情况等方面掌握充分的自主权。教师则通过系统后台对微课视频的点播情况等数据进行汇总统计，可以明显提升英语听力课程的教学效率。但是，微课模式对英语听力课程教学会产生一些不良影响。例如，微课视频的时长不能满足长篇英语听力材料的教学，微课模式不能体现出非语言信息的优越性等，这些问题降低了英语听力课程的教学质量。总而言之，微课模式对英语听力教学有利也有弊，如何妥善处理二者关系，决定了今后微课模式在英语听力教学中应用的长远发展。

（二）基于微课模式的参与式英语听力教学设计

听力理解是一个复杂的互动过程，而不是一个简单的被动接收过程。学生在注意重读、韵律结构、语调、句法及语义的同时需结合即时语境和特定的社会文化背景对话语进行综合分析理解。要完成这一复杂的心理活动，学生的注意力必须高度集中。心理学认为，一般成年人的注意力广度为 20 分钟，超过 20 分钟注意力会减弱。而微课内容短小精悍，通常在 10 分钟左右，符合学生的注意力特征，有利于学生有效地进行听力训练。结合微课的灵活性、开放性和模块性的特点，将全班学生分成每组 4~5 人的小组进行。听力资源主要来自国际要闻后热点话题，经过后期的制作，将相关的背景知识、词汇等语言知识和原版视频有机结合，以听力测试的形式呈现。每一个学习模块设定一个主题并根据学生的英语水平提供不同难易程度的听力内容。学生在课后可以通过网络平台上的微课自行完成听力训练和测试。针对听力中出现的问题，学生可以通过电子邮件、微信等手段进行交流互动。

课上，教师帮助学生解决在听力中遇到的困难，总结问题调整听力材料内容，同时结合听力情况有针对性地向学生传授听力策略，如定向注意、选择注意、自我管理、自我监控、自我评价、演绎推理等，并引导学生在听力过程中灵活运用这些策略。

在听力选材方面，要充分发挥合作小组的作用。每个小组需根据不同的主题上网搜索听力材料以及相关背景知识的文字阅读材料，通过编辑上传网上，定期轮流按分组结对进行交流讨论，教师进行评价考核。课后，教师结合学生收集的资料，根据不同的主题建设文化背景知识资料库。小组活动可以最大限度地提高学生的学习热情和自觉性。这样就改变了传统教学课程中教学内容枯燥单调的特点，转变为具有多样性、层次性、广泛性的教学内容。这些内容适应学生的学习能力、个体需求发展，同时也满足了不同学生的需要。按照这个学习模式，学生掌握了学习的主动权，不再单纯的被动接受教师的灌输，而是主动寻求学习内容，自觉完成学习任务，达到提高自身综合素质的目的。妥善处理听力材料的难易程度，可以帮助学生缓解学习压力，消除畏难情绪，提高学生听力水平，提升学习的积极性。语言习得是通过最佳语言输入来完成的，而且是大量的可理解输入（comprehensible input）；焦虑和挫败感等负面情感会降低英语学习的效果，而成就感和有兴趣等正面情感则相反。微课模式下的参与式英语听力课程相对传统教学模式的优势，就是能够提高学生的听力理解力和消除他们学习中的负面情感。

采用微课模式的英语听力教学使英语学习从传统的单调刻板转变为自由灵活，对于提高学生获取和处理听力信息起到了促进作用，提高了学生的英语综合应用水平。微课教学提高了英语听力教学中学生的参与性，教学内容得到改善，教师和学生互换角色，注重学生的个体化需求和学习能力的差异性，主张学习互动交流共同进步，增强了听力教学的实效性，改善了教育生态系统。现在微课模式在英语听力教学课程的应用还处于起步阶段，为我们进行更全面、立体的调查研究和实践应用提供了发展空间。

（三）基于微课模式的视听教学步骤及注意问题

视听教学在教学设备上经过了从早期的视听设备如留声机、电影放映机到较为现代的磁带录音机、数字多媒体语言实验室的发展和进步；在技术手段上从物理录音、电视机播放更新为集多媒体技术为一体的计算机补助教学；在教学内容上从单一的课程配套录音、广播扩展到电视、网络全方位多元化丰富的视听资源。教育技术和教学手段的发展促使英语教师改变教学观念，加强信息技术的应用能力，以提高英语视听教学的效果。

1. 视听教学的步骤

基础教育阶段的英语教学基本上没有专门的视听课，视听教学是根据教学内容的需要穿插进行的。作为一项技能的训练，视听教学有以下五个基本步骤：

（1）教学题材的选择。教学题材的选择应根据《英语课程标准》的要求和教学内容、教学需要来确定。视听教学题材有课文录音、与课文配套的动画片、英语歌曲等。在英语教学的初级阶段，教材的每个单元都有配套的视听素材配合课文的教学，这些素材有的是与教师用书配套的，可以直接使用，有的则需要到出版社的网站下载。英语教学在进入中、高级阶段后，教师一般需要自己去找视听素材。选择材料时，要注意难度的把握，由易到难，层层深入。

（2）视听素材的采集。视听素材可从以下四个渠道获取：

第一，课本的配套素材。这类素材的针对性较强，在难易度上基本上与课文相一致。

第二，市面上的视听材料。目前这类素材十分丰富，主要以影视、动画片为主，其难度相对较大，对教师的选择能力要求较高，因此，往往很难选择到与教学内容难易度相当的题材。

第三，网上下载。互联网上各种各样体裁的视听素材，如影视、广播、名家演说、戏剧故事等，虽是当前英语教学中最为真实的素材，但在使用中不可避免地存在难易度无法确定、下载和版权等问题。

第四，教师自己采集和制作。教师可根据教学内容的要求，自己现场录制或用自己平时积累的素材编辑与教学内容相符的教学视听素材，当然这就要求教师具备一定的信息技能应用能力。

无论采用哪种方式，采集的视听素材一定要转换为数字格式，以便在视听工具上播放。

（3）电子课件的制作。在多媒体计算机辅助教学中，可以将图像、文字、音视频等整合在一起，视听说教学再也不用一边看投影、一边操作录音机或录像机了。在电子课件中，各种媒体文件通过超级链接的方式联系在一起。Microsoft Office 中 Word 和 Power-Point 的超级链接功能十分强大。超级链接不但可将一个文本文件和另外若干个文本文件关联起来，让使用者在这些文件之间进行跳跃式切换，而且可以将文本文件和音频、视频、图片进行关联，甚至可以和其他应用程序进行关联，使课件使用者可以在不离开当前视窗的情况下启动并运行其他应用程序。课件制作好后要检查课件中的音频文件的录音质量是否能满足教学需要，音量是否过低或过高等。

在确定各部分都正常的情况下对课件进行试运行。试运行有两个方面的含义：①检查电子教案是否符合设计要求，各种超级链接是否正常，各组件之间的切换是否顺利；②在条件允许的情况下将课件放到不同配置、不同档次和不同操作系统的计算机上运行，看课件和不同计算机的软硬件是否兼容。超级链接一般对所关联文件的路径有比较严格的要求，例如，在某一台计算机上制作电子教案时，相关文件都存放在 D 盘上，而教室里的计算机没有 D 盘，这时就可能无法找到文件的关联地址，无法完整播放课件。解决这一问题的方法有两个：①在制作电子教案之前就考虑到这一问题，将相关文件都保存到 C 盘的桌面上，因为任何计算机都会有桌面，这样就不会因为路径问题导致电子教案无法运行；②将制作完成的电子教案及需要链接的所有音视频文件等放在同一文件夹整体打包后复制到移动存储设备中。

（4）播放工具的选择与应用。在多媒体电子教案制作过程中，应确定好教学媒体。可用于播放课件的音视频文件的工具有很多，以下是比较有代表性的常用音视频播放器：

第一，Windows Media Player。Windows Media Player 是微软公司出品的播放器，通常与 Windows 操作系统捆绑安装。该播放器支持通过插件增强功能，通常在 Windows 操作系统中作为一个组件内置，也可以从网络上下载更新。Media Player 可以播放 MP3、WMA、WAV 等格式的音频文件，AVI、WMV、MPEG-1、MPEG-2、DVD 等格式的视频文件。用 PowerPoint 制作课件时，Media Player 可以很好地将音、视频文件嵌入其中。但是，如果计算机系统中没有安装 Media Player，或其版本过低没有更新，课件中的音、视频可能就无法播放。

第二，影音播放器。影音是由腾讯公司推出的一款支持任何格式影片和音乐文件的本地播放器。在畅享影音的同时，用户可以视频截图、剧情连拍，还有视频截取和 GIF 截取功能，可以帮助教师将精彩片段截取出来独立保存，不仅如此，音视频转码、压缩、合并都是腾讯 QQ 影音的方便之处。

我们都知道，除了一些正版的 DVD 外，大多数从网上下载的英语影视剧影片都是把视频与字幕压制在一起的。为了培养学生的听力，在使用这些影视材料时，教师往往希望将字幕屏蔽，影音就有字幕屏蔽功能。

QQ 影音屏蔽字幕方法如下：首先，在影音中打开含有字幕的视频。其次，在主界面单击鼠标右键，在下拉菜单中选择"字幕"—"遮挡字幕"。再次，按 QQ 影音提示"Alt

+鼠标左键选择字幕区域进行遮挡"，由于影片中的字幕显示位置通常都是固定的，需要遮挡的字幕位置也是固定的。左手按住键盘的"Alt"键，右手操作鼠标，把鼠标放到要遮挡的区域前上方，长按鼠标左键拖曳直至选中要屏蔽的字幕区域。选中的区域会自动打上马赛克，实现遮挡字幕的目的。最后，取消遮挡。按住"Alt"键，然后双击鼠标左键就可以取消遮挡了。

第三，Flash Player。Flash Player 是由美国的 Macromedia 公司推出的优秀动画设计软件，是一种交互式动画设计工具，它可以将音乐、声效、动画以及富有新意的界面融合在一起，制作出高品质的动画效果。目前，大多数的教材均采用该工具制作与课文配套的多媒体素材。Flash 格式文件（如＊.swf）可以嵌入到 PowerPoint 幻灯片中，但必须注意：插入的动画文件只不过是一个链接点，如果其中对象的地址发生变化或对象被删除，课件中的对象就无法正常显示。所以一般用 PowerPoint 制作课件时，要把需要的对象放在一个文件夹中，制作好后，还要对其进行打包，这样才能使整个课件完整、不出错。

（5）视听教学的实施。在视听课教学前，教师应提前几分钟到教室，检查所在教室的计算机是否安装了媒体播放工具，课件是否能够正常播放，以避免上课时手忙脚乱。为预防教室计算机里的播放软件与课件不兼容，通常可在移动存储器中预备教学所需的各种软件工具，一旦出现播放器与课件不兼容等问题可以随时安装。

2. 视听教学需注意的问题

（1）视听说相结合，促进学生的口头交际能力。视听课的主要目的是通过观看影片或收听地道的英语录音以帮助学生更好地理解所学语言国家的文化背景和语言知识，加强学生听力理解能力的培养，为交际能力的培养服务。在语言技能训练中，视听说是培养学生口头交际能力的重要手段，视听是帮助学生接收语言信息，视觉对理解事物很有帮助，而说是对视听理解的反馈。因此，在视听课中一定要与说相结合，这样才能真正提高学生的口头交际能力。

（2）视听课教学要有的放矢。材料的选择要符合教学大纲要求，为本课的教学任务和教学目标服务。不能单纯为了有趣而加入视听教学环节、随意选择视听材料。视听教学应该做到与教学重、难点自然融入、有机融合。此外，在播放视听材料之前，应设置相应的问题，让学生带着问题有目的地去听、去看、去思考。

（3）视听教学应注意师生间的情感交流。视听教学以观看影视、收听录音为主，语言学习者很容易感到疲劳，尤其是在听不太懂的情况下，教师要注意教学方法，给予必要的提示。教学中要注意学生的情感因素，多鼓励、少批评，边视听、边交流，切忌将视听课当作语言知识课来教。播放音视频时，教师可走到教室的后边，不要在学生中走来走去，影响他们的注意力。

二、基于微课模式的英语口语课程教学

计算机与多媒体技术的飞速发展与广泛应用为英语教学提供了有效的现代化教育辅助手段，克服了传统教学媒体在承载信息的种类、能力以及使用的方便性方面的局限性，极大地改善了我国英语学习的输入环境，加大了学生接收语言输入的数量，丰富了语言输入的形式。但是，英语教学中一味注重语言输入的作用，而忽略语言输出的功能是不行的。因此，在教学实践中只有在语言输入的基础上重视口头及笔头语言输出的作用，才能更有效地促进英语学习。

（一）基于微课模式的英语口语课程教学特点

在网络的大环境下，大学英语教学呈现出以下特点：

（1）教学的资源越来越丰富。随着信息技术的不断发展，互联网上汇集了大量的信息和知识，有些网站拥有非常丰富而优质的教学资料和资源，很多口语学习和训练的资料及软件都可以从互联网上免费下载。教师和学生都可以方便快捷地从互联网上获得大量的英语口语的学习素材，传统教学中资料不丰富，素材不实用的缺憾很好地得到了弥补。

（2）突破了学习空间的限制。通过网络进行学习时，学生将不再受到时间与空间的限制，学生在任何时间任何地点都可以便捷地登录相关的网站开展口语的交流与训练。

（3）学生学习口语的热情和积极性被充分调动。互联网上一些英语教学的网站和平台会刻意迎合青年学生的心理特点和习惯，以声音、视频、图画、动画作为载体将学习内容呈现在学生面前，学生的学习热情以及积极性比较容易被调动和激发。

（4）个性化的自主学习更容易实现。网络上的知识浩如烟海，相比起教师及教材所能承载的信息量要大得多，通过互联网开展学习，可以令学生有更多选择的空间，他们能够自主掌握学习的进度，学习效果自然也会随之提升。

（二）基于微课模式的英语口语课程教学程序

高校应当将网络技术引进到英语教学中来，在网络的基础上建立起大学英语口语教学的新模式。引导学生登录网络进行英语口语的训练和学习，这种形式的学习使得学生不再受到传统教学局限性的影响，随时随地利用空闲时间就可以开展口语练习。而且这种口语

学习的方式比较直观、生动、活泼，有着很强的互动性，能够满足青年学生的喜好，调动起他们学习的积极性和参与热情，比较容易实现大学口语教学的目标。教师的教学应当以学生为中心，重点关注教师与学生之间、学生与学生之间的协作情况和对话情况。教师应当首先对互联网上的信息加以筛选和组织，然后再提供给学生，正确引导学生开展口语练习，有效提高他们的口语交际能力。教师可以按照先布置课堂任务，进行课前教案准备，课堂上展示资料，对学生的学习成果进行评价并向他们进行反馈，进一步巩固并且提升学习效果这个程序来进行教学。

1. 布置教学任务

每节口语教学课结束前，老师通常会向学生布置一些下堂课的练习内容，将具体的要求以及内容上传到班级的公共平台，包括练习的注意事项、评分的标准等。练习的主题应当丰富多彩，题型应当活泼趣味。还可以将一些参考资料同时上传，以方便学生在练习时加以使用。口语练习小组可以根据这些上传的作业及要求选择本组的练习内容，确定好采取哪种练习方式后报告给教师。教师可以通过公共平台与学生开展交流和互动，在需要的情况下，给予各学习小组的学生以具体指导。

2. 课前的教学准备

我国的大学生在口语交流时能够脱口而出的词汇非常有限，而且大部分学生的口语交流用词会雷同，还有的学生每当需要用口语进行交流时总会觉得自己的大脑中无词可用。随着网络的日益普及，学生可以在互联网上寻找到大量可以开展口语训练的资源和平台，这些资源也可以在英语课堂上被使用。在这个过程中，英语教师应当根据自己的经验，为学生提供一些必要的指导，提醒学生要区别口语同书面语的不同，指导学生将一些书面语转化成为口语，以提高口语教学的实用性。

网络上可以用于英语口语交流的平台和工具日新月异，层出不穷，例如微信、微博以及聊天室，还有一对一口语教学平台的涌现，使得人们用英语交流的渠道更加多样化，人们既可以公开地使用英语进行交流，也可以采用私下的交流方式，文字、语音、视频都可以成为交流的方式。网络上人们往往可以不必公布自己真实的身份，这时候一些生性内向的学生反而会放松心态，自然地与他人进行英语的对话和交流。网络上有一种专门用于英语交流的聊天室，这里汇聚的都是英语的学习者，而且还有一些口语纯正的外籍人士，学生可以在这种平台上顺畅地与他人进行作业相关的口语练习及交流。

在网络上，大学生还可以自主创建自己所属的聊天室，然后邀请同学、教师、网友进入，共同展开口语的交流，聊天室中还可以开展一些简单的辩论或者讨论。但有效开展口语交流的前提是要做好聊天室的管理，这时候教师应当选择一些实用性的主题引导聊天室内的人员开始交流和讨论，教师要对聊天室的话题进行必要的引导，给予一些口语基础较差的学生以一对一的辅导。学生也要充分利用好这种平台，令自己的语言水平不断提高。

3. 课堂展示与评价

口语练习小组应当每隔一段时间在课堂上表演并展示一次自己的学习成果。老师要引导学生将各种准备展示的口语资料上传到班级的公共网络平台之上，其他学生也可以对这些内容进行观摩和讨论。各小组通过自己准备的图片、文字、视频、音频等来展示和表演本组的学习成果，使得学习成效进一步提升。其他学生不仅可以观摩各小组的表演，而且还可以对这些表演进行评价和讨论，这些评价和讨论的内容可以实时上传到班级的公共平台。表演结束后，老师和学生可以一起按照既定的标准为各组的表演和展示打分。然后由老师对每一组给予综合的评定，肯定好的方面，指出存在的问题。每当一个阶段的公开展示活动结束后，教师可以将表现突出的展示资料保存到班级的公共平台上，以起到展示和参考的作用。

4. 课后的巩固提升

语言学总结出了语言学习的过程，那就是知晓、学会、熟悉、自动使用。其中知晓和学会通常可以在课堂上实现，而熟悉和自动使用则需要在课堂之外经过大量的练习才能达到。因此大学英语教师还应该针对学生的实际需要，通过自己的努力建立英语口语资源库，以满足学生在大学期间进行口语学习的需要。在组建口语资源库时，应当根据不同的训练目标将资源库分为不同的模块，例如听力检验专区、发音模仿专区、绕口令专区、角色扮演专区等。因为不同的学生会有不同的心理和人格特点，而且他们的年龄段、学习语言的能力、情感的经历、学习的习惯都会各不相同，此前学习英语的经历及程度也有所不同，这样就会使得学生英语的听与说的能力参差不齐，所以教师在进行教程设计时要充分考虑学生的性别、个性及英语水平等因素。同时还应该设计出一套相应的监控系统，用于随时掌握学生的学习情况。

综上所述，多媒体口语教学实验在整合教学资源、强调学生主体性方面发挥了积极作用。它代表着现代教育技术发展的最新趋势，不仅更新了教育理念，而且革新了教学方法，优化了教学环境。我们相信，对该模式的进一步研究和探索必将促使大学英语教学更臻完善成熟。

三、基于微课模式的英语阅读课程教学

（一）基于微课模式的英语阅读课程教学价值

1. 符合社会经济发展的现实需要

现阶段经济社会飞速发展，使用英语的行业、领域不断扩展，英语已经成为很多场合的必备交流工具，特别是在涉外国际贸易活动和外事活动时，英语的交流水平起着至关重要的作用。

当今全社会对教育都越来越重视，英语也是家长和老师关注的重点科目，因此，为了满足社会对于英语人才的需求，高校应当将微课引进到大学英语教育当中，而且先进的信息技术为大学英语教学的创新奠定了坚实的基础。我们现在已经进入了微时代，手机、电脑都可以作为一种工具来帮助我们获得需要的信息，而且这个过程更加方便、快捷并且高效，不仅是教师还有学生，以及教与学的各种人群都可以随时享受互联网给我们带来的这种便利。英语的阅读及训练变得更加容易参与。所以，在我国的高校中推广微课是符合时代发展需要的。

2. 创新高校英语阅读的教学模式

在大学英语教学中引入微课不仅能够使大学英语阅读的教学模式有所创新，而且会有力推动高校的教学改革。微课是一种新型的教学形式，信息化是它的基础，这种教学模式能够显著提高学生学习英语的热情和兴趣，一些学生学习英语过程中的实际需要能够得到很大程度的满足。微课可以改变传统的教学模式，督促高校英语教师努力提高自身的教学水平，转变过去长期秉持的旧的教学观念，带领学生向着良性的教育改革的方向前进。并且将微课引入到大学英语阅读教学后，可以使教学的结构得到优化，有力地推进高校加快教学改革的步伐。

3. 利于构建新型平等的教学关系

以往多数大学英语教师在阅读课上习惯使用多媒体设备来开展教学，课堂会将重点放在对阅读中的重点以及难点的讲解上来。通常都是以人数很多的大班的形式来进行授课。这种状态下，教师只能是采取满堂灌的形式，因为人数过多会导致教师无法——与学生进行互动，失去了有效的互动，没有了针对性的辅导，教学就很难获得良好的效果。

如果把微课的形式引入到高校的课堂中来，一个个简单的视频能够分单元、有重点地将知识点详细地加以展示，当这些短视频参与到教学中来后，教师只要进行适时的引导，

针对学生提出的重点和难点进行讲解即可。如此，不仅能够激发起学生探究知识的热情，锻炼了学生独立思考问题的能力，而且还能加强师生间的互动，增加了交流感情的机会，营造出一种平等、良好的学习氛围。

（二）基于微课模式的英语阅读课程教学设计

随着教育信息技术的发展，"微"已经融入人们生活的各个领域，并改变着人们的生活方式和工作方式。可见微课可以被成功地运用于大学英语的教学过程当中，但是截至目前，微课的运用还没有一套系统的教学资源可供使用，也没有一套成熟的理论来作为教学改革的基础。所以，当务之急是要明确如何将微课运用于大学英语的教学过程当中。

1. 英语阅读教学的微课设计原则

（1）功能化。通常一个微视频的时长约为 8~10 分钟，在这简短的时间段内，设计者要充分考虑到每个知识点的教学目标，努力突出其功能。针对英语阅读教学的不同环节，微课视频的设计要突出不同的重点。当为课前阶段所用时，微课的内容应当以介绍课文的文化背景为主；当为课堂阶段所用时，微课的内容可以分析阅读难点重点、讲解阅读技巧、总结教学的主要内容、布置本堂的作业为主；当为课后阶段使用时，微课的内容可以是教师对于知识点的详细分析、对于课堂教学内容的总结等。

（2）系统化。微课设计的重点是构建相关的知识体系，需要将一些相互关联的知识以及一些逐渐增加难度的知识同时融合进这个知识体系当中。每一个微课都会重点讲解一个知识点，这一个个的知识点最后会变成一个知识的整体。这些阅读为重点的微课都是围绕着英语教材的一个个知识点展开的，这种展开的方式也有所不同，具体如下：

第一，详细地分析课堂上遇到的一些重点和难点问题，使微课不仅体现出知识性，也要体现出趣味性。

第二，微课可以作为英语阅读时文化知识和背景知识的补充，让学生更具有国际文化的理念，以一种小知识的形式引入教学，可以吸引学生参与阅读的兴趣。

第三，总结性的作用。教师可以通过微课对以前的教学内容进行横向的总结和对比，通过总结改进不足，提高自身的教学水平。

（3）兴趣性。如果微课的内容做到了新颖活泼，内容丰富，那么就能吸引学生进行自主的阅读。所以设计微课时，教师务必要将学生的兴趣点作为重点来考虑。如果能够顺利营造出一个轻松愉悦的学习氛围，学生就很容易迅速融入微课的教学环节当中去。教师应当提前与学生进行沟通，了解学生学习过程中遇到的难点，然后针对这些难点来设计微课视频的主题，以保证学生学习的效率。另外，微视频中要尽力减少长时间的理论性的讲解过程，要把足够的时间留给学生去用于思考，这样才能真正提高学习的效率。当一小段理论讲解结束后，马上就应该安排一段练习帮助学生理解和消化，还要对学习的效果及时进行跟踪和测试。

2. 英语阅读教学的微课设计流程

微课应用在英语阅读教学中的模式包括前期分析、内容设计、视频制作、课堂设计、评价五个流程。

（1）前期分析。微课是一种新的教学形式，也是一种新的资源，在确定微课的学习目标，确定微课的主题时，要充分考虑大学英语阅读教学的目标，结合大纲的内容，使之与学习者的需求相契合。教师设计微课时要提前做好准备工作，包括要提前了解英语教学大纲的难点和重点，掌握和明确学生学习的目标，准确预测学生学习的结果。

（2）内容设计。在英语阅读教学中，教师对微课程内容的设计应从阅读技巧、阅读文本类型、篇章结构几大模块规划。微课的制作应遵循连贯性的原则，使学生更好地建立阅读知识体系和掌握阅读技能。

第一，英语阅读中包含以下基本的阅读技巧，教师按照每种技巧的理论知识及实践操练的原则来设计该模块的微课。阅读技巧模块包括语境中的词汇（vocabulary in context）、主题思想（main idea）、支持性的细节（supporting details）、隐含的主题思想和中心论点（implied main idea and the central point）语句或段落间的关系（relationships）、事实与观点（facts and opinions）、推理（inferences）、目的和语气（purpose and tone）和论证（argument）等。

第二，不同阅读文本类型具有不同的特点，教师按照每种文本类型设计微课，使学生用最直观的方式了解每一文本类型的阅读方法。包括关注信息功能的阅读文本，如新闻类阅读（reading news story and feature story）、学术著作类阅读（reading scholarly writing）等；关注表达功能的阅读文本，如小说故事类阅读、诗歌类阅读、杂志类阅读等；关注呼唤功能的阅读文本，如广告类阅读、通知类阅读、说明书类阅读等。

第三，篇章结构模块中教师应从横向和纵向两个结构篇章结构入手来设计微课程。横向结构包括并列结构和对比结构；纵向结构包括总分结构、分总结构、总分总结构、因果结构、递进结构等。

（3）视频制作。制作微课可以通过三种渠道：第一，由教师自行根据教学的进度来录制。第二，由学校专职的信息技术人员指导完成。第三，交由社会上专业的制作公司制作。录制微视频的工具主要有：数码相机、专业摄像机、智能手机，一些专业的软件包括拍大师、绘声绘影、Adobe Premiere 等；还可以使用手写板以及一些专业的画图工具来制作微视频；也可以使用一些录屏的软件及 PPT 来制作微视频。教师需要对录制的视频进行精心的修改和编辑，才能制作出高质量的教学微视频。

（4）课堂设计。微课的一个重要内容就是进行课堂真实教学过程的录制。一些早期的国外录制的微课程其实就是"翻转课堂"。英语微课非常适合翻转课堂时使用。课前使用微课能够引导学生更好地熟悉教学的内容，在课堂上使用微课，可以让微课更有益于课堂教学的推进，增强课堂教学时的趣味性，提高实用性。当翻转课堂时运用微课来进行，则可以令学生自主选择参加微课学习的时间。

（5）评价。制作好微视频的教材后，教师应当及时将这些视频上传到学生熟悉的网络平台上，以方便学生在线进行学习。教师应当在学习微课的平台上增加即时评价的版块或功能，以增强师生间互动的效果，提高教学的质量和效率。教师教学目标评价及总体设计评价两方面入手，这样教师能够及时得到学生通过微课学习效果的反馈，并针对学生的评价进行分析帮助学生指出在学习过程中的不足，也可以让教师及时调整微课的内容。由此，教师就可以根据学生在平台中的动态进行信息搜集，从而改进平台功能以及教学内容。

（四）基于微课模式的英语阅读课程教学策略

1. 创建以微课为主的英语阅读教学模式

把微课与大学英语教学结合起来的模式，能够使高校的英语教学保持一种良好的发展势头，令英语的全民化得以实现，实用性得到体现。所以高校教师应当彻底改变过去传统的教学观念，将学生作为教学的主体来对待，努力培养学生自主学习的能力，树立起新的以学生为本的教育理念。教师先要将英语教学的目标明确下来，提前构建和预设好一个微课教学的基本框架。与此同时，教师还要与学生进行充分的交流和沟通，要建立起一个方便快捷的交流平台，以便及时了解掌握学生的动态和需要。

2. 高效整合大学英语阅读教学资源

教师要有意识地整合大学的阅读资源，努力增加学生的词汇量，以保证微课的教学模式能收到预期的效果。学生在学习英语单词时，绝大部分人采取的都是死记硬背的方法，实际上这种方法的效果并不理想。而利用微课开展教学时，教师可以充分利用微课的科技手段，让词汇"活"起来，通过动画、拟人的手法让单词变得容易记忆，如此可以吸引学生的注意力，提高学习的兴趣。而且微课还方便对学生的学习效果进行随时的检验。

3. 加强英语阅读文化背景知识的学习

大学英语教学中要把英语国家的文化知识和社会背景的学习融入教学的过程中去，语言的教学同文化的背景有着非常紧密的联系，教师应当通过文化背景的讲解来丰富学生相关的英语知识，这样对于学生英语综合水平的提高大有裨益。

在利用微课教学的过程中，教师可以将英语文化知识、社会背景资料、英语国家经济制度、历史地理知识等都制作成短视频，帮助学生生动直观地了解相关的知识，提高阅读理解的能力。

4. 促进学生间的自主学习与合作探究

微课教学有其非常明显的优势，例如它的用时简短，学习的重点和难点突出，学习的方式灵活多样，学生可以在此基础上方便地进行沟通与合作。例如教师可以预先布置"微预习"的作业，将下一课要学习的课程内容公布在微平台上，引导学生提前进行预习和讨论。微课教学还有一个优势就是它通常都有着比较正规准确的字幕，学生可以反复观看视频，对字幕中的一些重点进行反复记忆和学习，使学习的成效得以提高。

综上所述，在大学中引进微课不仅可以提高学生学习的效率、锻炼学生的阅读能力，而且微课能够很好地体现教学的整体结构，不断为社会输送合格的外语人才。

综上所述，将微课应用于英语阅读教学是合理的选择，也是顺应教育信息化的时代需求。英语阅读教师要加强教学与信息技术的整合，提高对微课的开发和使用，使它真正服务于英语阅读课程教学。

四、基于微课模式的英语写作课程教学

（一）基于微课模式的英语写作课程教学意义

1. 顺应当前的时代发展

随着社会逐渐进入信息化时代，如今的大学生更是这个信息时代的重要参与者。在进入大学之前，几乎所有准大学生都会拥有属于自己的手机和电脑，他们通过微信、腾讯QQ、微博、论坛等渠道获得外界的信息，很多的大学生都患上了手机依赖症，在上课时，即使不带任何东西，都不能离开手机，上课期间也要实时查看。所以传统的课堂模式已经不再适合现在的学生，无法调动起他们参与课堂的积极性。所以在这样的情况之下，在英语教学的过程中，也不应该过于墨守成规，而应该顺应时代潮流，迎合学生的兴趣点，多

加利用信息化的电子设备进行教学，而微课的形式恰好可以满足这样的需求。

2. 推动英语教学的改革

在以前传统的英语写作课堂上往往时间很短，几十分钟的时间并不能进行完整的英语写作学习。因为在整个课堂老师要进行写作知识和技巧的讲解，还要在这个过程中和学生进行互动，这已经需要消耗整节课的时间了，但是很多对于写作有用的范文就没法呈现给学生进行知识的补充。而且如果进行课堂流程的压缩，学生没办法快速吸收过多的写作知识也达不到学习效果。而微课的优点就在于老师可以将课堂上没法对学生进行教学的内容在微信或者是微博的公众号上进行推送，这样学生就可以利用自己的业余时间选择性地学习观看。这样的教学形式可以让学生产生兴趣，并且可以紧跟时代的脚步，将整个英语学习和教学的模式进行转变，并且推动了教学改革进程。

3. 推进新型的教学关系

在大多数的英语学习课堂上，由于时间较短，所以老师想要完成教学目标，需要将非常多的教学内容快速地传达给学生，而且一直是老师在讲台上进行讲授，学生在下面听课，学生要在这种枯燥的学习环境中吸收大量的知识，确实学习的效果会不理想，教师又会更加无力，无法改善学生的学习情况。而微课的优势就在于以学生为主体，教师为指导。这样，师生关系可以更加和谐，也能够顺应教学改革的步伐，提高学生的实际学习效率。

(二) 基于微课模式的英语写作课程教学策略

1. 从应用模式着手进行微课教学

(1) 对课堂辅助的应用。大学英语的教学侧重点是为了学生在毕业进入社会之后能够有能力在交际方面运用英语进行表达，所以会在口语方面进行学生交际能力的综合培养。在今后的英语教学中教师应该重视多媒体在课堂中的作用，利用微课将在课堂上无法传达到的知识点进行讲授。在简单又非常生动有趣的视频中，用最直观的方式，对于一些知识点进行归纳总结。并且结合其他优秀教师的视频，对自己的教学视频进行改进，对内容和形式进行丰富，真正达到预期的学习效果。

(2) 对预习复习的应用。在微课对于教学的补充中，除了对于课堂上重要知识点的强调和解读之外，还要加上课前预习和课后复习。还有在上文中提到的英语的写作教学，因为课堂时间是非常短的，教师要在短时间之内将大量的知识点传输给学生，就会造成学生无法有效吸收，过多的教学任务完成得不到位。所以在教学过程中，教师可以利用微课调动学生进行课前预习的积极性，告诉他们在课堂上将会学到的知识，并且对于教学内容进行简单的解释，这样学生就会产生疑问，那么带着探索的精神进行学习，可以使学生更能够积极地参与到课堂中来。课后也可以将学生在知识运用上可能会遇到的问题、知识的重难点制成总结性内容帮助学生进行课后复习和知识点的巩固。在过去的传统学习中，学生很少会重视对于新知识的课前预习和对于复杂难题的课后复习，微课中利用生动形象的视频可以调动起学生的主动性。

2. 从微课制作着手进行微课教学

（1）对教学内容的选择。在内容上，微课应该制作得有针对性并且相对简洁，对于学生可能难以掌握的重难点帮助学生进行知识巩固。例如，教师在内容土只针对一个主题进行讲解，才能将知识进行讲解，并且不会使学生产生厌倦的感觉，这样才能产生好的效果。例如，只讲解在英语的书信写作中的格式。

（2）对教学模式的选择。微课的教学模式是采用精简的小视频形式，用最快的速度将要讲解的知识点引入进来并且尽量用通俗的简单的方式讲解出来。它和传统的教学不同，虽然是一种比较便捷的学习方式，但是不能够在教师的管理下让学生进行学习。为了吸引学生主动学习，需要使教学模式采用多种模态，变得更加灵活，而且实用性强。

（3）注意微课的逻辑性。在进行微课制作时，教师切记要注意微课整体的统一性与逻辑性，各种教学资源都需要围绕着同一个主题进行选择，这样一来学生在进行微课的学习时才能理清教学主线，而不是对知识进行松散的记忆。

总而言之，微课的产生为教师和学生带来教学与学习的新体验，多种教学手段共同作用是新时代教育发展的新模式，也能够在英语写作的教学方面提供更多的可能性，使老师的教学能够发挥更大的作用。但是微课虽然具有灵活、丰富等特点，在在一些高校英语教学中使用情况却还是很少，所以在今后的英语教学中，还要继续去探索它的使用，将它对于英语教学的意义发挥出来。

（三）基于微课模式的英语写作课程教学实践

下面以实用英语写作课程为例进行探讨。

1. 实用英语写作课程的性质与任务

实用英语写作课程的首要目标，是考查学生的英语学习能力，以及在实际中英语运用表达的能力。无论学生将来从事怎样的工作，写作都是必不可少的一项基本技能。而写作类公共课程的学习，对于学生写作能力的提高，有着至关重要的作用。实用英语写作的社会实用性较强，学生写作能力的培养，教学内容和方法的重点。对于各类文体的写作方法、写作规则、写作技巧，要求学生能够达到熟练掌握的程度，便于其更好地适应未来工作岗位的实际需求。实用英语写作课程还有着较强的实践性特征，其素材来源于生活实践，经过一定的理论加工，最终再回归到实践的检验之中。在此过程中，学生所学的理论知识逐步转化为实践操作的能力，写作的水平也由此得到不断提高。

2. 实用英语写作基于微课的教学实践

（1）实践准备。

第一，要对教学内容进行研究整合，制定教学目标，在实用英语的写作上要注意理论和实践的相结合，也就是在课堂上一方面教师要将写作的理论和技巧进行传授；另一方面也要加强对于理论的实际运用，满足人才培养方案的要求。具体所讲授的知识和内容应该包括如何填写注册登记表，如何写通知，如何对于电话留言进行记录还有如何进行名片制作等。

第二，通过微课的形式，将在课堂上学生没能完全掌握的重难点进行重复讲解，还可以将网上的对于英语写作有帮助的作品放在微课中，尽量多地帮助学生积累写作学习的资源。并且为了监督了解学生在微课上的自主学习情况，可以增加线上答疑、检测、调查等形式。

第三，为了帮助学生在微课的学习中记录自己需要的学习资料，以及教师可以了解学生的学习情况和反馈，应该在微课中建立学生的自学档案。这样老师就可以通过学生档案了解到学生在课下自主学习的时候，具体的学习情况、心得体会、为自己制定的目标及完成情况，如果发现问题，可以吸取经验在下次教学中进行补充完善。

（2）教学实践。在课前，教师通过微课帮助学生进行课前预习，在微课中会向学生介绍在课上将会讲解到的具体内容，并且留下预习的作业。例如在课上将要讲解实用英语写作中通知的写作方法，那整个课堂需要完成知识和技能方面的两个目标，即完成让学生掌握规范的书写要点和常用句型以及应该注意的事项的知识目标，还有培养书写英语通知的能力的技能目标。教师通过对比教学和案例教学的方式上传资料，学生在了解学习内容后，通过自主地查阅视频和文字资料，完成课前预习的内容归纳。学生在网上提交教师布置的作业，教师进行批改，甚至老师可以在线帮学生解答问题，了解他们的学习感受。

在课中，教师的授课重难点可以根据学生课前在微课上的反馈情况确定，帮助学生进行知识内化。可以在教学的过程中播放视频，设置一些写作的情景然后让学生进行写作练习。练习可以采用自主探究或者是小组讨论共同完成的形式，教师在这个过程中对学生进行指导。在学生完成写作任务之后，由教师或者集体进行评分。经过不断的写作和点评帮助学生完成知识建构。

在课后，帮助学生进行知识拓展，将在课上学生写出的优秀作品在微课上进行展示，向全体学生分享，还包括举办的其他类型的英语学习活动都可以在校园或者微课中分享。为了鼓励学生，还可以给予适当的奖励。

五、基于微课模式的英语翻译课程教学

大学英语翻译教学工作具有跨学科、跨文化的性质，但实际翻译教学工作中往往存在画地为牢的情况，未能将翻译教学工作和其他学科的知识进行结合，致使翻译教学存在一定的局限性。

为了使大学英语翻译教学与众多的学科和广博的专业知识形成系统，突破现有局限，并且对更多优秀的翻译人才进行培养，需要加强对翻译教学工作中现存问题的研究，提出适宜的解决对策对其进行处理，进而为大学英语翻译教学水平的提升提供更多支持。

当前社会已经进入全球一体化的时代，各国之间在经济、文化、科技等诸多方面都交流密切，语言交际在国际交流中起到了至关重要的作用。英语是国际通用语言，在交际中使用人数最多，其重要性不言而喻。但是在高等教育中对于大学生的英语翻译教育还存在着很多问题。包括为适应当前社会需求应如何调整教学工作，对于英语翻译中十分重要的跨文化交际知识应该以怎样的形式教授给学生，还有如何改进教学方式方法帮助学生学习扩大知识面等。

（一）基于微课模式的英语翻译课程教学意义

在大学英语翻译教学中，教师需要以学生的兴趣为切入点，通过开展学生感兴趣的翻译教学来提高学生参与的积极性，学生只有参与其中，才能更好地掌握教师所讲解的英语知识。因此，在兴趣教学的实行中，教师可以利用微课进行教学。微课教学的特点鲜明，这一教学方式时间短、能够在短时间内体现重点内容，同时教学方式灵活多变，能够时刻给学生新鲜感，让学生对翻译教学保持期待的情绪。与此同时，微课教学的教学资源丰富，学生通过对微课教学资源的应用，能够更快地掌握英语知识。总而言之，在大学英语翻译教学中，微课教学是非常有效的教学方式之一，更好地开展微课教学对实现英语翻译教学目标有着促进作用。

（二）基于微课模式的英语翻译课程教学可行性

1. 教学主体方面

在英语翻译课的教学中，除了向学生讲授有关英语翻译的理论知识和应对技巧之外，还要发挥教师的指导作用。在课前为学生精心准备翻译的资料，在与学生的交流和互动中，使学生实现理论与实践相结合。无论是书面上的文字表达能力还是进行实际翻译实践能力，都能在课堂上得到提高。微课这一教学新方法以其顺应信息化时代下学生的潮流吸引学生的特点，在世界各地被广泛推广并使用，得到良好反馈。学生在微课上可以根据自己的实际学习和接受情况调整课堂进度，学习教学视频。当然，就其形式来看，学生是非常喜欢的。随着移动信息设备的普及，如今所有的在校大学生都拥有至少一部智能手机或者电脑，完全能够实现随时随地在线学习。从教学主体这方面来看，微课教学融入大学英语翻译教学是完全可能的。

通过微课进行教学就是将在课堂上想要强调的知识点通过一个个简短精炼的视频逐个进行讲解，然后学生可以自行学习。这种形式非常适合用来讲解翻译技巧，因为翻译技巧往往比较独立，如转化法、合并法、拆句法、省译法、增译法等，教师将各种方法在视频中进行展示讲解，并附上课后的练习帮助学生进行知识巩固。

2. 教学过程方面

微课的整体教学模式包括课前、课中和课后三个阶段。课前预习学生会通过视频了解在课上会学习的内容，并且自己先进行课前的学习完成老师留下的课前作业。课中的视频则是将在课堂上老师想要强调的学生可能会在实际运用中遇到的重难点进行知识点的讲解。课后的视频和作业帮助学生继续巩固知识点对于学生在学习中遇到的问题还可以在线上帮助解答。老师了解了学生的学习情况还可以及时调整。在课堂上教师可以采用"翻译工作坊"的形式帮助学生进行学习。学生先进行翻译视频的观看，然后教师将一些文章段落拿来给学生进行翻译，学生分成几个小组，可以在组内讨论，老师从旁指导，最后翻译出文章，并且由老师和学生共同评选出最佳的翻译作品。在这样的形势下，学生与学生之间、老师与学生之间的互动都会进一步加强，学生自己也会更加了解自己的学习情况参与进来，找到适用于自己的学习方法进行学习。

所以从微课的教学环节来看，它是非常适用于大学的英语翻译教学的。它正好利用了现在网络时代的特点，将碎片化的信息有逻辑性地进行合理整合。通过一些具体的语言场景和碎片化的语言知识，将学生需要学习的庞大的知识具体的讲解，学生不但学会了课堂上的知识还进行了课外知识的拓展，以交流合作的方式逐渐提高英语翻译能力。

英语教学应该随着新时代的到来转变为适应于时代的新形态。而对于英语翻译教学始终作为教学弱项更应该与时俱进，这要求教师和学生都需要共同努力。在大多数的地方院校还将翻译教学研究的重点放在静态的翻译结果上，而对于翻译理念的这种动态研究则关注甚少，这就会影响微课这类翻转课堂技术的加入。翻译理论对于翻译教学起到至关重要的作用，因为只有其符合当代的学生学习习惯，才能成为学生愿意参与的学习活动，并且在正确的教学理念之下才能够真正提高学生的学习效果。

（三）基于微课模式的英语翻译课程教学运用

1. 在翻译理论教学中运用微课

在传统的英语课堂教学中，教师只能利用有限的时间尽量传播基础知识，而没有办法深层次讲解英语翻译教学。所以大学生常常只是学得了大量英语词汇，并且知道了一些语法，但是当实际应用英语的时候，却会遇到障碍。例如，课上或者课下需要用英语进行翻译时无法做到顺畅的表达，甚至翻译的内容表达出的目的会偏离文章的原意。翻译的实质，是一定要遵从文章的本意，顺利地将英语转换成汉语，当然也要会把汉语转换成英语。据这种情况来看，教师是无法改变教育体制和学校安排的，那么如果想教授学生翻译知识，还是需要利用课上时间进行翻译教学。例如，可以占用课堂上 10 分钟的时间，集中进行翻译理论讲解，以求达到提升学生翻译能力的目的。那么当学生学到这些知识要点后，相信会翻译得更加流畅合理。

首先，教师在课堂教学开始之前，需要对自身掌握的翻译理论进行总结分析，将有应用价值的翻译理论整理出来，对每一翻译理论进行讲解，并罗列出具体的案例；其次，在课堂教学中，教师可以先为学生播放微课课件，通常情况下，微课课件的时间是在 5 ~ 15 分钟之内，在短时间的播放中，语言讲解与图片、音乐等结合起来，可以为学生创设一个良好的学习环境；最后，在微课课件播放完成之后，教师可以进行二次总结，与学生就课件内容进行讨论，在活跃课堂氛围的同时加深学生的记忆，促使学生能够掌握翻译理论知识。

2. 在翻译实践教学中运用微课

当教师为学生讲解完理论的翻译知识之后，教师就应带领学生实践，让学生在翻译过程中熟练掌握翻译理论技巧，锻炼对翻译技巧的应用，提高翻译水平。举例来说，教师在课堂上可以让学生翻译一些一年中的热点新闻。教师需要在课前在网络上收集最新的热点文章，然后截取片段，制作成微课课件，之后教师先为学生播放课件，让学生在观看完课件之后进行文章翻译。教师可以截取文章中的一部分，在课堂上让学生进行翻译，之后将原文告诉学生，让学生进行对比，找出自身翻译中存在的问题。在多次的实践锻炼中，学生的翻译能力将会有显著的提高。

3. 在跨文化意识培养中运用用微课

学生在进行翻译时，会受到本土文化的影响，按照既有的文化意识翻译。所以为了翻译得更加准确合理，需要学生加深对西方文化的了解。当学生翻译西方故事时，先需要充分了解西方文化，然后要调查故事背景，最后要努力将故事的原意表达出来。老师应该根据学生翻译的需要，在教学过程中利用十分钟的微课，向学生传递西方文化知识，让学生充分了解西方社会背景和风俗民情，帮助学生提升翻译的准确度。因此大学老师在开展英语教学过程中，要注重翻译教学。积极采用多种教学模式，理论与实践相结合，不断提升教学技能。将总结出的教学经验融入微课教学，拓宽翻译知识讲解范围，以提升教学效率。这有利于为学生的翻译知识打下牢固的基础并可以帮助学生在未来从事英语方面的工作时能做到游刃有余。

社会不断发展，企业规模不断扩大，越来越需要大量专业翻译人才，并且需要他们拥有较高的素质。为了迎合社会和企业的需求，学校应加大对大学英语翻译教学的重视程度。对存在的问题，抓紧研究，全面分析总结，不断调整学校的课程安排和学生的学习内容。增加学生关于其他国家文化知识的学习课时，充实教学内容，鼓励使用多种教学方法，大力支持大学英语翻译教学，促使其有实质性的进步。

（四）基于微课模式的英语翻译课程教学对策

微课因为其时间短、针对性强、学习不受时间地点限制等优势，一定程度上激发了学生的学习积极性和热情，使学生摆脱了片面肤浅的逐字逐句翻译的方法，转而变成了一种综合系统的英语翻译方法。但不可否认，英语翻译微课仍然存在视频制作水平不高、知识密度大而学生不易接受、教师对微课缺乏了解等问题，因此提出了相应的对策以供学界参考。

1. 明确微课的本质

对微课这一概念有一个清楚的认知是正确认识在英语翻译课程中微课产生重大作用的前提。我们不能把微课等同于微课程，实际上微课类型众多，有游戏型微课、学习型微课、试验型微课及联系型微课等。简而言之，根据一个知识点来创建的微视频学习资源称之为微课。像试验型微课比较适合运用在大学英语翻译课程上，例如，模拟一个国际会议场景，我们从视频中来观察学生在该场景中面对一些问题会进行怎样的思考并采取何种解决问题的方式，相较于传统课堂的教学，微课这种灵活生动的知识点讲授方式效果更佳。那么此时对教师而言，就需要制订相应的教学大纲、教学目标，然后按照教学目标的差异来制定配套的课程，创建相应的、完整的系列微课。

2. 以学生为中心设置微课教学

微课的中心应该是听课的每一个学生，而非教师。微课的应用模式要以学生为主体的同时，也以学生为主导，从过去传统的"教师讲学生听"模式转化为学生主体又主导的"双主"学习模式。充分调动学生的学习积极性和学习兴趣，引导学生自主学习和个性化学习。微课应该以学生高效学习为目标来安排教学设计。譬如，学生大多感觉大学英语翻译课程无聊枯燥，教学方式过时，教师只是一味给学生灌输知识点，而不调动学生的积极性，学生处于被动学习的状态。微课教学方便灵活，当代大学生对网络数字敏感，微课教学的核心视频正好迎合了学生的特点，学生可以自己下载翻译课程到手机上，不受时间和地点的限制随时观看学习，英语翻译全靠熟悉各种翻译场景和英语文化，学生通过微课教学随时随地都可以接触英语文化场景的熏陶，有利于翻译水平的提高，从而真正爱上英语翻译，变被动学习为主动学习。这都和提高微课视频质量密不可分。另外，建议高校加大对英语教师翻译课程视频制作培训，多使用一些 Prezi 和 Camtasia Studio 等录屏软件中的熟练应用、录播教室等应用，掌握微课制作的相关技术以创作学生更喜爱的作品。同时建议成立微课制作团队，可经常交流经验，发挥 1+1>2 的集体作用。

3. 把握视频制作细节要领

教师为了优化整个微课视频的质量，可以针对视频制作方面的各个细节加以改进：首先，由于翻译的准确性对初学者很重要，因此视频制作过程中必须做到标准发音，背景音乐方面也最好符合课程内容，不要忽视掉语气、语速、语调以及语音的作用，为了使学生更好地跟上授课节奏，双语字幕就在视频中起很大作用，如此，微课构成会更加合理；其次，为了规范课程，改善授课视频，对英语翻译微课制作也要有所改进，即规范英文标题中单词首字母的大小写。有些是不需要大写，如连词、冠词以及介词等虚词的首字母；而有些是要大写，如：名词以及形容词等实词首字母。

微课是一种有推广宣传价值的教学模式，它的优点在于较低的技术门槛、高效率的传播交流、简单快捷的制作以及广泛的应用途径。微课的学习方式线下、线上兼备，服务对象也是师生共存，它作为一种优质的数字化学习资源成为未来教育的新趋势是毫无悬念的。从目前的情况来看，在微课同高校日常英语课堂要求相符合的同时，更应当长期关注信息技术在英语学科上的融合、教学深层改革的推进、通过吸引学生注意力的方式来使学生积极主动学习，使其学习质量、效率得以提高，这也是目前研究者一直在探讨的问题：微课如何以最佳方式融合在英语翻译课程中。

第四节　高校英语课程中多元化微课模式创新

一、开门见山式微课教学模式创新

开门见山式表示直接点明主题，不拐弯抹角。开门见山式微课表示教师在微课开始直接介绍本节微课的主要内容与学习目标。这种开讲方法能够引起学生的足够注意，便于其抓住本节课的知识脉络。通过对本节重点概念或关键问题的简介，引入知识内容，既突出了授课的重难点，又是一种微课知识引入的良好方式。开门见山式微课即在视频刚开始就直接阐述微课题目，例如，今天我们一起来学习"二进制与八进制、十六进制的数值转换"，简洁明了。在这方面，微课与传统授课的过程还是有区别的，即略去课堂语言。开门见山式微课主要针对学习兴趣比较浓厚、积极性较强的学习对象。

第一，开门见山式微课教学模式设计。开门见山式微课通常教学内容简洁明了，直接切入主题。开门见山式微课教学设计中，知识点的引入要能直接引起学习者的关注；知识的讲解要紧凑；教学媒体的选择要适合表现形式，注重直观形象，通俗易懂；教学总结要突出重点，还可以设置一些问题，以检验学生的学习效果。

第二，开门见山式微课的适用场合。开门见山式微课直接点明主题，明示讲解的主要内容与学习目标。这种方式适用于主动学习的学生，或者是目标明确、积极向上的学习对象。

开门见山式微课适用于课程的概念阐述、重难点解析和疑点解析。此类微课适合在与教材配套的数字资源中使用。

二、情境式微课教学模式创新

情境式微课即发生在特定时间、特定场合下的各种情况相结合带来的不同场景的微课。情境可以是一种社会环境，它与每个人的个体有着紧密的联系；情境可以是一种心理状态，它关乎着个体在社会事实作用下的心理状况，因为不同的环境和空间对每个个体有着不同的影响和作用。因此，情境是一种关乎社会学和生物学的自然环境或社会环境的变化，专门指代能够引起个体心理变化、情感表达、思维感知的特定环境。就像英语学习者在学习的过程中，会受到环境的影响，可能是社会层面的也可能是个人层面的情境，因此要用真实情况中的各种问题来对学生进行思维的启发，让学生在不同的情境中有不同的思考。情境给学生带来了学习与思考的创新空间，刺激了学生在学习过程中的智力发展，是一种能引导学生发现问题、解决问题、改善问题的一系列事务环境或是信息源。

课堂的引入要重视创设情境、设置任务，以激发学生的学习兴趣，关注学生的内心体验与主动参与，把学生带入与教学内容有关的情境，让他们在情境中捕捉各种信息、产生疑问、分析信息并引出各种设想，引导他们在亲身体验中探求新知，开发潜能。

第一，情境式微课教学模式设计。在情境式微课中，情境的创设要贴近生活，以吸引学习者，与学习者产生共鸣，增加关注度。知识的讲解要注意层次性，注重引导学习者思考。教学媒体的选择要契合表现形式，注重直观形象、通俗易懂。问题的讲解要注重情境的延续性，最终要解决情境中的问题，总结考核最好设置一些问题，来检验学生的学习效果，如果存在没有掌握的知识，可重新学习。

第二，情境式微课的适用场合。生活展现情境能使学习者直接、鲜明地感知目标，易于在观察中启发想象，比较适合认知类和素养类课程。音乐渲染情境适用于大学语文、大学美育、体育类课程。表演体会情境可分为进入角色和扮演角色，适用于情景剧式微课的制作。语言描绘情境中，语言要具有主导性、形象性、启发性和可知性，比较适用于素养类、讨论式的课程。情境的创设要选择适合的老师，恰当的数字媒体资源，表现力较强的老师可以使用语言描绘情境，音乐可以衬托渲染情境，图画、视频、动画可以描述再现情境，还可以描述生活展现情境等。

三、探究式微课教学模式创新

探究式教学是指教学过程中，在教师的启发诱导下，以学生独立自主学习与合作讨论为前提，以某个知识点或者技能点为基本探究内容，以学生周围的世界和生活实际为参照对象，为学生提供充分自由的表达、质疑、探究、讨论问题的机会，让学生通过个人、小组、集体等多种解难释疑尝试活动，将自己所学的知识应用于解决实际问题的一种教学形式。探究式教学就是将科学作为探究过程来讲授，让学生像科学家进行科学探究一样在探究过程中发现科学概念、科学规律，培养学生的探究能力和科学精神，找到解决问题的方法，具体包含两层意思，一是从教师角度——教学方面的研究，即探究式教学；二是从学生角度——学习层面的研究，即探究性学习。在教学过程中，教师和学生的作用是相互的，不能分开的。

探究教学模式，就是在探究教学理论的指导下，以教学实践和教学经验的探究为基础，培养学生探究能力、探究精神、科学态度、学习方法，由不同模式的探究方法组成的一种教学策略和教学活动，这种教学模式不仅有理论上的基础研究，还有教学目标、教学条件、实践程序等操作过程。教学活动结构和策略体系有四大要素，探究教学模式是这四大模式的重要表现，因为探究教学模式更多的是一种教学策略，是从微观层面的一种具备一定操作技能的战略。在教学活动中，由于探究教学模式从起初被提出时就一直存在于不同的阶段，拥有一定的出场顺序，因此具备框架性和结构性，是一种教学过程中的程序，概括了教学在实施过程中的具体效果。

探究式教学需要师生同时参与进来，老师和学生一起探究教学活动，其目的并非是培养少数的精英和人才，而是培养有素养、有科学意识的学生。教师在开展探究教学模式时要注重学生的存在，以学生来开展智力培育和情境交流，通过学生的不断探索来获取知识，在探索的过程中辅导学生解决问题，不仅要以学为中心，更要以学生为中心，促进全体师生的共同参与。这种模式的教学有助于对学生的素质教育和创新能力培养，并且符合基本的认知规律和自然科学的发展。

（一）探究式微课教学的特性

（1）教学过程的主体性。探究式教学模式突出了学生在教学过程中的主体地位，教师主要是指导学生进行自主探索和自主研究，鼓励学生的大力参与和充分研究，让学生更好地发挥主体地位的探究作用。

（2）探究学习的自主性。在探究式教学中，学生是在教师的指导下自主参与教学的全过程，只有依靠学生自己的自主研究，才能获取相应的知识内容，单纯的知识灌输将不复存在。

（3）情境创设的问题性。科学探究需要有出发点和动力来刺激推动，提问就扮演着动力的作用，教学过程中教师对学生提出丰富精彩且有挑战的问题，可以促进学生的积极互动和交流，提升学生的问题意识，活泛学生的思维创造能力。探究教学要以问题为核心和导向，以有趣的问题、符合学生兴趣的问题来开创学生的思维，平衡好学生喜好和教学任务之间的关联，充分关注学生内心动态。

（4）信息交流的互动性。探究式教学注重学习过程中的交流与互动，既可以是小组之间的交流，也可以是全班的互动交流，不同于以往的传统教学模式，探究式教学强调师生之间以及学生之间的互动交流，让教师与学生在课堂里互相沟通、进行有效互动，共同构成学习的小团体。师生之间的互相学习也能促进每位学生表现自我、挖掘自我，让学生们在学习过程中能够有更多的机会发挥优势和特长，激发学习的动力。

（5）师生关系的和谐性。探究式教学以学生为中心和主体，以师生之间的交流合作为基础，致力于营造积极活泼向上的课堂氛围。教师与学生之间是朋友的平等关系，是学友的民主关系，教师传授讲解是为了学生更好地理解，方便学生更好地学习。这种氛围下的教学可以促进学生更好地进步，激发学生的学习主动性和积极性。不同于没有师生沟通交流的生硬和死板性课堂，这种模式下的课堂感染了师生彼此的心境，避免了学生的厌学情绪和排斥情绪，提升了学生的积极性。

（6）教学要求的针对性。不同的学生之间也会存在着不同的差异，每个学生的出生环境、教育背景、心路历程、学习态度、后天努力程度甚至先天情况都会对学生有着不同程度的影响。这种情况下，传统的教学模式并不能区分学生的差异性，导致学生之间的获得感相差甚远，有些学生觉得轻松掌握的知识内容对另外一批学生而言吃力困难，导致了两极化的形成。探究式教学不同于传统的教学模式，而是将学生分成不同层次来有针对性地创建教学任务，更有针对性地培养学生，实现了课堂的最高效率化。

（7）教学评价的激励性。以往的教学模式是教师单方向评论学生，而探究式教学是老师与学生之间通过互相评论、自我评论、组合评论等构成的评论模式，体现在教学的过程中和结果中。结合探究式教学对于学生分层次的培养，让学生可以得到进步和提升，潜力被大力开发。评论可以促进学生的自我感知，尤其是表扬性质的评论和学生对于教师的评价，让学生获得更大的进步，因为不同程度的表扬和不同机会下的表扬，都能帮助学生形成自我满足感。

总而言之，探究式微课教学设计就是指知识点与技能点适当结合的学习内容，创设生活中与专业相关的教学情境，以问题为中心，采取合作交流的方式，在教师的引导下，通过学生的实验、观察、操作、调查、信息搜索等方式，学生自主地解决问题的教学设计。

（二）探究式微课教学的设计

探究式教学是一种以学生为中心的教学模式，主要强调学生主体地位的发挥，倡导学生自主、合作、科学思维的学习方式与策略。然而，在微课的教学设计中，以教师为主要讲解者，所以强调老师的角色扮演问题，既可以让学生提出问题，也可以让教师扮演学生角色提出问题、探究问题、解决问题。探究式微课的教学设计包括提出问题、产生假设、验证假设、总结结论四个环节。

探究式微课适用于理论性与实践性并重的工科类课程，如数据结构、数控机床的维修、机电设备故障诊断与维修、计算机的维修、网络故障的诊断与维修等。

四、抛锚式微课教学模式创新

建构主义"以学为主"的教学策略有支架式教学、抛锚式教学和随机进入教学三种。这三种教学方式都是将学生作为教学中心而进行的设计，不仅能够激发学生自主学习的兴趣，同时也能有效地促进知识结构的构建。

抛锚式教学是指在多样化的现实生活背景中或在利用技术虚拟的情境中运用情境化教学技术以促进学生反思提高迁移能力和解决复杂问题能力的一种教学方法。抛锚式教学作为学习框架之一，它希望学习者通过在相应的技术环境中的学习来处理相对复杂的问题。在抛锚式教学的学习环境中，学习者所学的学习内容和学习过程是具有真实性的，学习的结果也可以迁移运用，不断提高学生的学习兴趣，使学生的学习变得更有活力。

抛锚式教学要求建立在有感染力的真实事件或真实问题的基础上。通常将这一类真实的事件和问题称之为"抛锚"，因为如果这类事件和问题被认定了，整个教学活动中所进行的教学内容就被固定下来。在建构主义学中，学习者如果想构建自身所学知识的框架，即对所学知识展现出的性质、规律等方面的深入了解，最有效的方法无疑是让学习者在真实的环境中去学习体验，通过实践获得经验。而不是仅仅听从教师对经验的介绍以及讲解。由于抛锚式教学要以真实事例或问题为基础（作为"锚"），所以有时也被称为"实例式教学"或"基于问题的教学"。

抛锚式教学中的核心要素是"描"，学习与教学活动都要围绕着"锚"来进行设计。教学中使用的"锚"一般是有情节的故事，而且这些故事要设计得有助于教师和学生进行探索。在进行教学时，这些故事可作为"宏观背景"提供给师生。由于该模式在全球范围内产生较大的影响，已得到广泛认可和应用。

抛锚式教学的基本环节包括创设情境、确定问题、自主学习、协作学习、效果评价。然而，由于微课本身是一种单向的教学，所以它在基于抛锚式微课开发时，更多的是以真实事例或问题为基础的实例式教学，或者是基于问题的教学。

第一，抛锚式微课教学设计模式。抛锚式教学的主要目的是使学生在一个完整、真实的问题、事件或环境（具体而言就是一个事件、一个真实的场景，或者是一个真实的项目）中产生学习的需要，并通过学习者共同体中成员间的互动、交流，即合作学习，凭借自己的主动学习、生成学习，亲身体验从识别目标到提出和达到目标的全过程。总而言之，抛锚式教学是使学生适应日常生活，学会独立识别问题、提出问题、解决真实问题的一个十分重要的途径。

第二，抛锚式微课的适用场合。抛锚式微课适用于财经类等文科或者素养类讲事实、说道理的系列专题微课开发，因为这种类型的课程通常能以视频、动画、图片的方式把学生引入相关的事件当中，表达方式相对单一。

五、理实一体式微课教学模式创新

理实一体式微课即理论实践一体式的微课教学设计模式，其突破以往理论与实践相脱节的现象，教学环节相对集中，它强调充分发挥教师的主导作用，通过设定教学任务和教学目标，让师生双方边教、边学、边做，全程构建素质和技能培养框架，丰富理论教学与实践教学环节，提高教学质量。在整个教学环节中，理论和实践交替进行，直观和抽象交错出现，没有固定的先实后理或先理后实，而理论中有实践演示，实践中有理论的应用，突出学生动手能力和专业技能的培养，可充分调动和激发学生的学习兴趣。理实一体式教学中主要运用讲授法、演示法、练习法。

第一，讲授法。课堂上的讲授法很重要，通过不同项目的演示操作，以及对相关内容的总结，以此来提出相应的概念和理论基础。同时又要以教学内容为出发点，不但要突出重点，更要按照系统的有序性来进行教学活动。讲课的课程其实并不多，通过"提出问题—分析问题—解决问题"的方式，做到由简入繁，不但服务于知识结构本身，同时也符合学生自身的学习规律，并能使学生对专业知识有深刻的理解。

第二，演示法。教师通过演示法将理论与实践统一的教学过程中的实验操作展现在学生面前，以此来使学生获得更为清晰正确的知识内容。它不但可以使学生学到清晰正确的知识，也会不断深化学生对所学知识内容的理解，将抽象的理论与实践结合起来，以此来协助学生形成新的观念，学习新的技能。同时教师也应准备好相应的教学工具。

第三，练习法。练习法是指学生学习完理论课之后，在教师的指导下进行操作练习，从而掌握一定的技能和技巧，对理论知识通过操作练习进行验证，系统地了解所学的知识，练习时一定要掌握正确的练习方法，强调操作安全，提高练习的效果。同时教师也应认真进行学习指导，加上对学生的学业监督，如果发现错误，及时进行纠正，以此来确保练习的准确性。教师应对每一个学生进行实际的观察并做好笔记，以此来增强学生的学习成果。而对不进行实际操作的学生，要在旁边认真观摩，并指出相应操作中的错误，教师可以对学生的所学内容展开询问，并以此作为学生学业测试的考核分。

将理论与实践结合为一体的教学模式是为了实现教学与实践的协调统一。采用理实一体的教学方式，一方面，能够提高教师的理论能力和增强教师的理论水平；另一方面，教师将理论知识应用于教学实践中，让师生的关系更为紧密，以此来打破师生间的隔膜。不仅能极大地激发学生的学习热情，还能培养学生的自学意识，达到出人意料的学习成果。基于理实一体式的微课教学设计注重讲授与演示，练习环节要结合学生所学专业的情况而定。

理实一体式微课突破理论与实践相脱节的现象，教学环节相对集中。如果实训项目过大时，建议开发系列微课或者专题微课，实训类微课可以加强知识的联系与应用，也可以结合抛锚式或者探究式使用。

理实一体式微课适合职业教育电子类、电气类、机械类、汽车维修类、计算机类、机电一体化、经管类实训、物流类等众多实践性较强的专业使用，也非常适合开发系列化的专题微课。它不仅能将现场操作演示、虚拟展示、桌面操作过程等记录下来，同时也便于模仿与推广。

第六章 高校英语课程翻转课堂教学模式的创新

第一节　高校英语课程翻转课堂教学模式的体系

目前我国推行的素质教育，要求以全面提高全体学生的基本素质为根本目的，尊重学生的个性，注重创造能力、自学能力的培养。学生根据自己的步调开展学习，并能随时获得个性化指导，充分体现了学生的主体地位。课堂上主要以学生的自主探究和协作探究活动为主，以此培养学生的自学能力、探究能力和创造能力。翻转课堂丰富了教学内容，扩大了知识量，拓宽了学生的视野，对学生综合素质的培养具有显著作用。同时，翻转课堂关注学生整个学习过程，关注学生个体的全面发展。

与传统教学相比，翻转课堂改变了已有的教学结构，形成先学后教的模式，这种教学模式使教师不再对同一个知识点进行重复讲授，学生不再只听不想，课堂活动不再仅是讲授知识，更多的是知识的应用。在学生自主学习、师生合作探究解决问题的过程中，师生的地位和作用都有了一定程度的变化，教师开始逐步适应信息时代下的新角色，不再是课堂的掌控者，而是学生学习的引导者、促进者，课堂活动的组织者、管理者。学生也开始成为学习中的思考者，而不是知识的填充物。翻转课堂作为一种新的教学模式，给学生提供自主学习的时间和空间，为师生交互提供了基础。

翻转课堂教学模式是一种教师依据教学目标将教学内容制作成视频或文本资源，传递给学生，学生利用一定的时间，按照自己的步调进行学习，并解决一系列问题，在此基础上开展师生交互活动，促使学生学习过程中的问题得到解决的教学模式，它是一种信息技术环境下的教学变革，是利用现代教育技术营造学习环境，促进学生课外自主学习，在课堂上展开问题解决活动的混合式教学模式。借助计算机和网络技术，翻转课堂前期利用教学视频把知识传授的过程放在课外，让学生按照自己的步调进行自学，课堂上，教师和学生共同解决问题来实现知识的内化。

翻转课堂教学模式是一种将传统教学中教师的传授与学生的内化两个过程颠倒的教学模式。从其本质而言，它是一种先学后教的教学模式。学生利用各种资源进行自主学习，独立完成学习任务，然后与教师或同伴交互，最终实现教学目标。在交互的过程中，学生与同伴形成学习共同体，促成交流、分享的氛围，教师作为教学活动中的指导者，对学习者个体或群体进行及时有效的辅导。在先学后教的步骤中，学生的自主学习可以是在课下时间完成的，也可以是在课堂中实现，依据教学内容以及学生的特点，教师可以有不同的安排。在课堂中完成自学过程的，称之为课上翻转，它更利于教师监控学生的自主学习过程，但受时间限制，不能完全实现个性化学习。与之相对应的是课下翻转即学生在课下自由安排时间来进行自学，这种方式使学生能够更好地安排自己的学习过程，但对自主学习的过程，需要学生有较强的自制力。翻转课堂中教师的教不同于传统课堂中的教，它更是一种辅导、引导、指导。

在师生互动完成教学活动的过程中，教师观察、倾听学生的行为，与之形成协作的关系，促使学生顺利内化教学内容。翻转课堂教学模式中的课堂是围绕着一系列的问题开展的活动，这些问题可以是习题式的，也可以是真实情境中的问题，教师将它们按照一定的顺序组织起来，形成与学生共同参与的活动。翻转课堂先学后教的教学次序突破了传统教学中的一个瓶颈，即学生发现或遇见学习中的困难时，教师不在身边时，问题该怎样解决的情形。翻转课堂给学生提供自主时间去发现问题，同时又在课堂上为学生解决问题提供支架。在课堂上通过师生交互、生生交互将知识内化的难度进行分解，同时也将知识内化的次数增加，最终使学生获得知识。

翻转课堂是指向深度学习的教学模式，它是学生自主进行浅层次学习之后，在课堂上与师生完成问题解决，通过活动参与和完成任务达成知识内化，对知识本身的关注逐渐转移到知识的应用、问题的解决，学生的被动状态逐渐转变成主动状态。在交互的过程中逐步加深理解，对学习策略和学习目的进行有效的反思，实现深度学习。翻转课堂教学模式下的课堂是以学定教的课堂，教师在对学生自学效果有所了解的基础上进行教学设计，在学生的最近发展区中解决问题，实现教学目标。

在翻转课堂中，最经典的教学模式是将翻转课堂分为课前课后两个阶段，课前教师准备微视频等学习资料，学生观看微视频并完成相应的任务单。课堂分为：课堂检测、问题解决、知识总结，部分是以师生互动形式进行的问题解决过程，这是促进学生知识内化的主要手段。翻转课堂的结构模型为实践者提供了清晰的实施步骤，它着重强调了教师和学生在课前与课中所要完成的教学任务。

从翻转课堂的内涵以及应用模型中，可以看出翻转课堂是一种先学后教，以评促学，以学定教的新的教学模式，它在改变传统教学环节的过程中，师生的地位角色发生了改变，教师不再是课堂话语权的控制者，而是作为学生学习的帮助者、支持者，课堂活动的组织者、引导者。学生有了自主学习的时间，有了主动提问、分享想法、展示作品的机会。学生由被动的学习接受者逐渐转向积极的主动学习者。翻转课堂教学模式体现了以学生为主体的人本主义教学理念，利用信息技术让教师从体力劳动者中解救出来，使得人机劳动分工。翻转课堂也是一种线上、线下混合，课前、课堂混合的教学模式。在信息技术的支持下，师生合理利用有效资源，开展多种交互活动，使学生完成深度学习。

一、高校英语课程翻转课堂教学模式的理论支撑

翻转课堂的出现，使掌握学习得以真正实现，借助信息技术的支持，使得个性化辅导更易实现。翻转课堂中，通过视频课程，学生真正能根据自身情况来自主安排和控制学习，观看视频的节奏全由自己掌握，掌握了的内容快进或跳过，没掌握的内容倒退并反复观看，也可停下来思考或做笔记。之后，课堂上的指导和互动更具针对性和人性化。高校英语课程翻转课堂教学模式的理论具体如下：

（一）掌握学习理论

掌握学习理论是由美国当代著名心理学家、教育家，芝加哥大学教育系教授本杰明·布卢姆提出，它是美国 20 世纪五六十年代教育发展的产物。掌握学习理论是指只要学生所需的各种学习条件具备，任何学生都可以完全掌握教学过程中要求他们掌握的全部学习内容。掌握学习理论认为，如果按规律有条不紊地进行教学，如果学生面临学习困难的时候而给予帮助，如果为学生提供了足够的时间以便掌握，如果对掌握规定了明确的标准，那么所有学生事实上都能够学得很好，大多数学生在学习能力、学习速度和进步的学习动机方面会变得十分相似。掌握学习理论认为只要让学生具备各种条件，每个学生都可以掌握所要掌握的内容。

布卢姆的掌握学习理论是在卡罗尔学习理论的基础上发展而来，他吸收了卡罗尔提出的学习理论中的五个变量，进一步为掌握学习理论构建出模型，并在自己的教学实践中得到印证，这五种变量包括：学习时间、学习毅力、教学质量、理解教学的能力和能力倾向。这五种变量相互影响，最终影响学生的学习效果。

1. 掌握学习理论的思想

掌握学习理论认为，大多数学生能够掌握教师所教授的事物，而教学的任务就是要找到使学生掌握所学学科的手段，这就是为掌握而教的核心思想。作为教育者必须要改变传统的教育思想，树立新的学生观。勇于质疑传统的教学思想，改变传统的认为学生的学业成绩正态分布的思想。掌握学习理论认为学生的学业成绩分布是完全可以改变的。掌握学习理论提倡的是一种新的学生观，相信学生在教师一定方法的引导下大多数学生可以学好专业知识和有更高学习动机的积极性。

2. 掌握学习理论的实施

掌握学习理论不仅是一种理论，一种思想，也是一种策略，它教我们怎样去实施。在掌握学习理论中，教学评价有了新的概念，即"诊断性评价""形成性评价"与"总结性评价"。

在新学期开始时，一般要对学生的情况进行诊断性评价。诊断性评价是指教师在教学前对学生的实际情况予以评价，评价的目的不是为了给学生贴上"好生""差生"的标签，而是为了使自己的教学更加适合学生的需要，促进学生的学习。在实际的教学过程中，需要对学生一个阶段的学习做出评价。形成性评价的目的是为了给教师与学生提供反馈。掌握性学习策略的实质是：群体教学并辅之以每个学生所需要的频繁的反馈与个别化的矫正性帮助。反馈通常采用诊断性的形成性测试形式表明学生已经掌握了哪些任务以及还有哪些需要掌握。提供个别化的矫正性帮助能使每个学生领会他未领会的重点。从而调整教学过程，针对学生的实施掌握情况开展教学。总结性评价是指在教学结束时所做的评价，目标是为了给学生的评定成绩，或为学生做证明，或者是评定教学方案的有效。评定学生一学期、一学年或者一个学习单元所掌握的程度，对学生的总体情况做出更为全面的评定。

"诊断性评价""形成性评价"与"总结性评价"的评价构成了一个循序渐进的教学过程，反馈与矫正贯穿在每个教学的环节。教师通过每个阶段的评价不断改进自己的教学，提高教学质量，在各个评价学习阶段针对为掌握者提供个别化的指导与帮助。学生通过每个阶段的评价发现自己存在的问题，弥补自己知识的不足，真正为自己的学习负责，成为学习的主人。在掌握学习进行过程中，未掌握学习者不断减少，逐步达到每个学生都能掌握的目的。

3. 掌握学习理论的评价

掌握学习理论是一种新的教学观、新的学生观，为我们的教育实践工作提供一套全新的教育研究方法，它为我们改进教学方法提高教学质量提供新的途径和思路。掌握学习理论作为一种教学理论和策略，有其适用的条件的限制和约束，例如说它适用于基础理论、基础课程等封闭性课程的教学，对于创造性强等开放性课程不适用。同时在掌握学习理论的实施上也存在问题。掌握学习理论在实施中强调反馈—矫正，但是这个过程会浪费很多时间和精力，可以保证一般学生的普遍性发展，但是对于智力超常学生的发展不利。掌握学习理论可以保证学生知识的掌握和巩固，但是在某种程度上会忽视成绩所不能代表的学生其他方面能力的发展问题。

（二）学习风格理论

学习风格理论最早由美国学者赛伦提出，其是指学生集中注意并试图掌握和记住困难的知识和技能时所表现出来的方式，包括学习者对学习环境的选择、情绪，对集体的需要以及生理的需要。学习风格理论主要包括感知学习理论和认知风格理论。

感知学习理论把学习者分为：视觉型的学习者、听觉型的学习者和触觉型的学习者。视觉型学习者主要通过观看图片、电影等视觉性材料来学习，阅读和直接的视觉刺激可以给他们带来更好的学习效果；听觉型学习者主要通过听和说的方式进行学习，他们喜欢讨论会和小组研讨的学习方式。他们在课堂上提问和回答问题积极踊跃；触觉型学习者更喜欢亲身体验来学习，不喜欢一直"静坐"的学习方式。他们的动手能力很强，喜欢角色扮演与游戏等活动。

认知型学习理论根据个体受环境影响的程度把学习者分为：场依存型学习风格与场独立型学习风格。场依存型的学习者很难将自己同周围的环境分开，乐于与伙伴进行协作活动；场独立型学习者善于从整体中分出各个要素，不容易受环境的影响和外界的干扰。

学习风格理论认为，不同的学习者具有不同的学习风格。然而不幸的是学生并不能根据教师的教学风格来选择适合自己的学习风格。教师也不可能被期望改变自己来适应所有的学生。因此，有着多种教学风格的课堂才更可能增加学生的表现。

（三）学习金字塔理论

学习金字塔理论认为，课堂中采用的不同的学习方法可以导致不同的学习效果；我们的课堂教学应该要根据不同教学内容的具体形式采用不同的学习方式；仅仅靠教师在讲台上讲解和学生在教室里听的这种方式效果最差，反之，应该鼓励学生多动手实践和亲身体验，让学生实实在在参加到小组学习活动中，这才是一种高效的学习方式。

（四）学生学习系统理论

1. 学生学习认知系统

学习认知系统是影响大学生学习活动的一个主要因素，是保证学生顺利进行学习的基础，有助于学习者获得知识与形成技能。学习认知系统是决定学习结果和学习效率的最直接因素。学习认知系统是学生学习活动中的一个子系统，它由学生的智力因素组成，包括感知觉、记忆、想象、思维等，在学习与认识过程中承担着对各种信息的纳取、加工和处理的作用，它相当于完成具体学习、认识过程的执行系统和操作系统。

学生学习认知系统是指在翻转课堂的学习中，学生的感知觉、记忆、想象、思维等因素组成的系统。学生认知与伦理发展理论将学生的认知发展分为二元化期、多元化期、相对期。

2. 学生学习动力系统

学习动力系统是学生学习活动中另一个系统，它由学生的非智力因素组成。它是各种学习力量按照一定关系组成的一个系统，它不直接介入学习，而是转化为相应的动力，激发学习的积极性，挖掘学习潜能，调节学习活动的进行。学习动力系统包括内部动力系统与外部动力系统，学习者的主观意识属于内部系统，如对主动学习的态度、主动学习的动机等，它能激发学生主动学习；外部动力系统是存在于自身之外的，如学校设施、教学环境、人际关系等，它是推动学生主动学习的必要条件。

学生学习动力系统是指在翻转课堂中，对于学生学习有促进作用的内部动力系统与外部动力系统。内部动力系统主要指学生的学习动机、学习兴趣、学习方法。外部动力主要指教学环境、人际关系。教学环境包括教学资源、教学媒体、教学方法，人际关系包括师生关系与同学关系。

二、高校英语课程翻转课堂教学模式的优劣势

信息技术的注入，使得学习过程突破了时空的限制。在传统课堂中，由于受课堂有限时间的限制，教师只能为学生提供最简洁、最有用的学习资源。而在翻转课堂中，教师可通过网络环境向学生提供形式多样、内容丰富的学习资源，尤其是教学视频的使用，使翻转的课堂得以实现，也使学生的个性化学习、分层次学习变为现实。信息技术的使用弥补了时间和空间的不便，使师生之间、生生之间可以随时随地开展互动。并且，教师可以通过网络环境及时掌握学生的学习情况。另外，翻转课堂还有助于提升师生的信息技术素

养，提高运用现代教育技术的能力。

（一）高校英语课程翻转课堂教学模式的优势

翻转课堂教学模式改变了教学方式，这种激进的改变让我们以不同的角色定位教师与学生之间的关系。高校英语课程翻转课堂教学模式的优势有以下方面：

1. 教师方面的优势

（1）增加老师与学生之间的交流，让老师更好地了解自己的学生。随着网络技术的发展，远程教育有了快速的发展。在远程教育快速发展下，学校的"消亡论"随之提出，然而这种论断忽视了教师与学生之间的交流对学生成长的意义。

（2）有利于教师的职业发展。通过观看其他教师制作的微视频知道自己的同事如何教授一个概念，为各自的教学提供一个被了解与改进的窗口。有网络提供的开放性的窗口让"拜访"每个教师的课堂成为可能。然而这对于充满繁忙的教学生活是不可能做到的。

（3）改变了教师在课堂中的角色。在翻转课堂教学模式下，教师走下讲台，更多时间用在帮助学生、领导小组解决问题、与理解有困难的学生一道解决问题。此时，教师是一个"教练"，引领者学生行进在学习的路上。教师有更多的机会鼓励学生，告知他们所做的哪些是正确的，解除他们的迷惑。

2. 学生方面的优势

（1）翻转课堂道出了学生的心声。现今的社会，网络时刻伴随着学生的成长，微博、腾讯 QQ 以及其他的数字资源。由于学校禁止学生带这些电子设备进入课堂，当学生在学校的时候，必须要把自己的电子设备关闭。然而还是有学生会把自己的手机、平板（iPad）等偷偷装在小口袋里带进教室。在信息化时代，我们应该顺应时代的潮流，接受数字文化，包容数字化学习，让它们为我们学生的学习服务。在翻转课堂里，学生被鼓励带自己的电子设备，一起合作学习，与老师进行互动。这样的课堂更激发出无限的活力。

（2）教会学生对自己的学习负责。在翻转课堂教学模式下，学习的责任放在了学生的身上。为了成功，学生必须对自己的学习承担起责任。学习不再是对自己自由的一种负担，而是不被束缚和不断探索的挑战。教师放弃对学生学习过程的控制权，学生掌控自己的学习。与此同时教会学生学习的价值并不是进入学校学习仅仅只是拿到分数和老师的评分。翻转课堂促使学生去学习而不是去记忆，让学生成为真正的学习者。

（3）翻转课堂帮助繁忙的学生和学习困难的学生。在翻转课堂式教学模式下，繁忙的学生不用担心自己因为要去参加学校的竞赛等活动而落下自己的课程学习，因为主要的课程已经在线传到网络上。现在学困生是让老师、学校很烦恼的事情。在课堂上，能够引起老师极大关注的往往是那些学习成绩优异或者性格开朗的学生。对于那些在课堂上保持沉默的学生，老师自然关注度比较低。在传统的课堂教学中，老师无论是对学习能力强的还是对学习有困难的学生都是以统一的步调讲解知识。对于学习存在困难的学生来说，在他们还没有理解清楚这个概念的时候，老师已经讲到下一个知识点，这种疑惑越积越多，到最后这些学生的积极性和自信心越来越受挫，导致他们不再想学习，学困生就是这样产生的。翻转课堂可以为学生提供弥补的机会。

（4）学生可以自定步调学习。在传统的课堂里，老师授课，学生在课堂里只是作为"静听者"。作为教育者，我们有特定的课程需要呈现在课堂上。学生被期望以一种给定的框架学习知识体系，老师很大部分希望自己的学生能够理解在课堂上所呈现的知识。然而甚至是最好的演讲者或者呈现着仍然有落后或者不理解必须要理解的内容的学生。当"翻转"课堂时，教师给予学生远程控制的权力，学生可以根据自己的理解程度适时按下"暂停键"。

（5）学生有机会向其他老师学习。大部分学生偏爱自己老师录制的教学视频，但是一些学生会发现看其他老师的教学视频后，自己会从另一个角度来理解相关的问题。例如，位于美国密歇根州的维克森林大学在全校所有学科实施了翻转课堂，学生除了观看自己教师制作的视频也可以观看其他教师制作的视频。每个教师有不同的思维方式，对知识解读的方式也不一样，学生或许在观看其他教师的视频中会获得意想不到的收获。

（6）增加了与老师个性化的接触时间。在传统课堂里，学生与老师的接触仅限于课堂中少有的互动环节。在翻转课堂里，学生在自由讨论环节，教师在教室里巡视，可以针对学生的具体疑问进行解答。这样的课堂增加了学生与老师之间的互动时间和交流，老师对学生的学习情况将有进一步的了解。

3. 课堂教学方面的优势

（1）课堂时间被重新分配，得到高效地和创造性地利用。在传统课堂里，课堂大部分时间被教师用来讲授，真正用来与学生交流的时间仅仅限于课堂的有限时间中。在翻转课堂教学模式下，教师用更多的时间教学和促进学生学习而不是站在讲台上说教。学生在交流中、在做中学。当学生在家遇到学习困难的时候不再感到无助，教师可以利用课堂时间与学生进行有意义的交流，观察、引导和帮助学生。

（2）翻转课堂教学模式让课堂动手操作活动更深入。动手操作活动帮助学生以另一种方式学习。这在科学课程中尤为明显。学生在相关课程里不能仅仅学习理论性的知识，他们必须通过实验才能完成深度的学习。当学生进行实验操作的时候，他们正是在实验过程中、在体验中建构科学理论知识。

4. 家长方面的优势

翻转课堂也为家长了解学生的课程学习提供一个可视化的窗口。大部分家长也许随着时间的推移已忘记之前自己做学生时的相关知识。当学生询问自己所遇到的难题时，家长会感到很沮丧，因此，他们感谢学校里的教师在课堂上对学生疑问的解疑。此外，在翻转课堂教学模式里，家长可以与自己的孩子一起观看教学微视频，与孩子一起学习，更新自己的知识。这种交流方式在某种程度上有利于家长与孩子之间的情感沟通。同时，家长可以随时了解到孩子学习的进程，关注到核子的学习的进步，了解到核子在学校的表现等。

综上所述，无论从学生、教师、课堂教学还是从家长方面，翻转课堂教学模式都会起到帮助的作用，在一定程度上弥补了传统教学模式的不足，有利于实现学生的真正的发展。

（二）高校英语课程翻转课堂教学模式的劣势

1. 教学视频方面的劣势

一些教师在面对面的教学中也许很出色，但是在制作高质量的教学视频方面存在欠缺。课堂教学中，教师面对真实的学生，他的讲授有真实的群体存在。但录制教学视频时，现场并没有学生群体的存在，教师只是根据课程的安排，独自在录制教学视频的设备旁边。各种因素，诸如周围环境、设备和教师自身的状态等因素，都会影响到教学视频录制的质量和水平。教学质量录制的水平直接影响到学生课前知识学习的水平，进而影响到学生课堂活动的参与与知识的内化。由于在翻转课堂教学模式中，教学视频是知识传递主要的依托，教学视频质量的好坏直接关系到学生的学习质量的高低。

2. 学生学习方面的劣势

（1）在翻转课堂教学模式中，知识是通过教学视频传递的。学生可以用一切移动终端完成教学视频的学习，理所当然的是所有的学生可以用自己的电脑观看教学视频。然而在一些情况下，对于学生而言观看教学视频来学习不是最好的。譬如，学生在看教学视频的同时，也在观看音乐会或者足球赛。这将不利于学生课下知识的自主学习。虽然在面对面的课堂教学中也有很多干扰，但至少教师可以通过形成性评估监控理解。

（2）学生在观看教育视频过程中，会出现一些不可控因素。在课前，学生也许不会观看或不理解教学视频的内容，这样学生在课前没有完成知识的学习，将对课堂内教学活动的开展不利。因此在课堂内学生处于准备不充分的状态中，这对于课堂内的很多活动的开展有很大的影响。

（3）如果学生独自观看教学视频资料，他们也许不能向教师或者他们的同学提出问题。因此，除非学生在观看教学视频时，教师能够随时在现场，否则那些重要的能帮助学生理解材料的问题将无法在课堂上面提出，然而这又是很难实现的。

3. 第二语言学习方面的劣势

翻转课堂对于第二语言的学习者也许不是最佳的教学方式。对于第二语言的学习者而言，由于他们的语言水平有限，在课堂上的交流会出现局限性。尤其是对于初学者来说，完成课前知识的学习也会存在很大的困难。由于课前知识的学习存在困难，学生的思维受到局限，课堂上的交流将会流于形式。这样在课堂上，教师无法了解到学生存在的问题，学生之间的小组合作趋于表面化。即使第二语言学习较好者，由于语言文化的差异，需要积累更多的课外知识才能帮助学生实现知识的深度学习。

三、高校英语课程翻转课堂教学模式的主要步骤

在翻转课堂中，课前、课上和课后，学生都能够依据自身情况，设定自己的学习步调，而不必去追赶步调快的学生或等待步调慢的学生，真正实现了分层次学习。在学生遇到困难、疑惑时，能得到有针对性的指导，教师还可以根据不同学生的不同情况布置不同的任务，真正实现了个性化学习，培优补差，因材施教。高校英语课程翻转课堂教学模式的主要步骤具体如下：

（一）课前准备阶段的步骤

1. 教师活动

分析教学目标，当谈到翻转课堂，人们的第一反应就是制作教学视频。但是在制作教学视频之前，我们需要分析教学目标。教学目标就是通过教学活动期望达到预期的结果。明确教学目标，我们期望学生通过教学获取哪些内容，这是任何教学所要明确的首要关键事情。只有教学前确定清晰的教学目标，教师的教学才有针对性，才能明确我们要采用的具体的教学方法。有些内容需要探究式的教学方式，哪些内容需要直接的讲授等。那么实施翻转课堂教学模式之前的教学目标的分析，不仅有利于我们分析哪些内容适合通过视频的方式直接讲授给学生，哪些内容适合课堂上通过师生的合作探究获得最佳的教学效果。明确教学目标，避免教学中的盲目性和无目的性。

2. 制作教学视频

在翻转课堂中，知识的传递是通过视频来完成的。教学视频可以由教师自己录制也可使用其他教师制作的教学视频或者网络上优秀的视频资源。制作教学视频是翻转课堂教学模式的重要部分。制作教学视频的步骤为：做好课程安排，明确课堂教学的目标，决定视频是不是合适的教学工具来完成课堂的教育性目标。如果教学内容不适合通过教学视频直接讲授的方式，那么不要仅仅因为是要实施翻转课堂而去使用视频。翻转课堂并不仅仅是为课堂制作教学视频。另外，做好视频录制。在录制教学视频过程中应考虑学生的想法，以适应不同学生的学习方法和习惯。美国大部分实施翻转课堂的学校在录制教学视频中并不呈现教师的整个形象，而是呈现一双手和一个交互式白板，在白板上有教师所讲授内容的概要。录制教学视频必须要选择一个安静的地方，这样制作出来的视频才能保证学生在观看教学视频时不受视频中噪音的干扰。

3. 做好视频编辑与发布

很多教师在实施翻转课堂的初级阶段时，在录制完教学视频以后分发给学生，但是他们逐渐发现视频后期制作的价值，它可以让教师改正视频制作中的错误，避免重新再次制作视频。

发布视频是为了让学生能够观看到教师制作出来的视频，在此阶段对于教师最大的问题在于把视频放在什么地方以使学生都能够观看视频。不同的学校会根据本地区、本学校和本校学生的具体情况来确定视频发布的地方。维克森林大学会把制作出来的教学视频发布到一个在线托管站点，如 Moodle 平台、YouTube 等，也会为家里没有网络或者电脑的学生制作 DVD。美国维克森林大学为了让学生观看到视频把校园多媒体中心延长两个小时，在这里学习的学生可以使用属于自己的账户登录到校园多媒体中心观看教学视频。总而言之，学校可以选择一到两种方法满足学生的需要。

4. 学生活动

首先，观看教学视频。教师通过对教学内容的分析，把适合直接讲授的内容的部分用教学视频的形式交给学生，在一定程度上避免了课堂时间的浪费。学习速度快的学生可以快速地进行知识的学习。对于学习进度慢的学生，他们不用担心传统课堂上跟不上教师节奏的问题。他们可以根据自己的实际学习情况对教师讲授的内容做适时的停顿。在观看教学视频的过程中，学生遇到不懂的地方可以做笔记，把自己不懂的问题带到课堂，这样学生可以完全掌控自己学习的步调。在此过程中，学生需要对所观看的教学视频里讲授的知识做一定程度上的梳理和总结，明确自己的收获和疑惑的地方。其次，做适量练习。学生观看完教学视频后需要完成教师布置的针对性课堂练习。这些练习是教师针对教学视频中所讲的知识，为了加强学生对学习内容的巩固并发现学生的疑难之处所设置的。根据"最近发展区理论"，教师需要对课前练习的数量和难易程度做合理设计，明确让学生做练习的目的是帮助学生利用旧知识完成向新知识的过渡，加深对教学视频中知识的巩固与深化。学校可以通过网络交流平台与学生进行互动，了解学生在观看教学视频和做练习过程中遇到的问题。教师可以通过学生所做的练习的反馈情况时刻了解学生实际的学习情况，与此同时同学之间也可以进行互动，彼此交流收获，进行互动解答。

（二）课中教学活动设计阶段的步骤

1. 确定问题，交流解疑

人需要在交流中才能实现成长。传统的课堂教学教师主宰着课堂，师生之间的交流是建立在师生地位不平等的基础上的。课堂中要实现真正的交流需要一种融洽的环境做保障。学生在观看教学视频的过程中，由于本身的知识结构、看问题的角度也不一样，因此对事物的理解也会不同，这样学生之间会产生一种认知的不平衡，学生之间认知的不平衡会导致学生新的认知结构的产生。在课中活动的开始阶段的交流中，教师需要针对学生所观看视频的情况和通过网络交流平台所反映出的问题进行解疑。学生也可以提出自己在观看教学视频中所存在的疑惑点，与教师和同学共同探讨，这样学生本身就是一种交往的学习资源。

2. 独立探索，完成作业

独立学习的能力是学生必备的能力之一。一个没有独立学习能力的人，必然无法在社会中生存。独立性是个体存在的主要方式。在传统的课堂中，教师一手包办学生的学习。课堂的大部分时间用来讲授知识，学生课下时间被大量的作业所填满，学生独立学习和探索的能力越来越被压制。学生是独立的个体，他们本身有着独立学习的能力。学生知识结构的内化需要经过学生独立的思考，而教师只能从方法上引导学生，而不能代替学生完成学习。

翻转课堂为学生提供了个性化的学习环境，学生在课堂中独立完成教师所布置的作业，独立进行科学实验。在学生独立完成作业的过程中，学生审视自己理解知识的角度，建构知识的结构，完成知识的进一步学习。教师要在刚开始时给予学生一定的指导，帮助学生完成任务。待学生有一定的独立解决问题能力的时候，教师要逐渐让学生在独立学习中构建自己的知识体系。

3. 合作交流，深度内化

学生在独立探索学习阶段，已经建立了自己的知识体系，但是要完成知识的深度内化，需要在交流合作中完成。人是社会中的人，交往是人与人之间直接的相互作用的过程。交往行为是指一种主体之间通过符号相互协调的相互作用，它以语言为媒介，通过对话，达到人与人之间的相互理解和一致。交往学习是学生在与他人的对话、交流、讨论等学习活动中所开展的学习过程，学生在此过程中实现自身的发展。

在翻转课堂里，经常可以看到课堂形态为：学生分成小组，一般为 3～4 人为一组，学生与学生之间通过独立探索阶段的所学，与同伴交流自己对知识的理解。教师不是站在讲台上，俯视着课堂里所发生的一切，而是走下讲台，走进学生的探讨中，真正地融入学生的小组合作活动中。当学生在讨论中遇到问题时，教师可以给予及时的帮助，引导学生澄清对知识的错误认知。在此过程中学生的批判性思维、课堂参与能力和对待学习的态度发生很大的改变，真正把学生推到学习的主体地位。当学习本身成为学生自身需要的时候，学生就会成为真正的学习的主人，变"要我学"为"我要学"。教师也从说教、传授的角色转变为学生学习的引导者和促进者。在合作学习越来越受到教育界的关注下，现今学校很多课堂教学采用合作学习、小组学习等。但是在传统课堂里，合作学习只是课堂教学的"微弱"的补充，难以真正发挥学生积极探索的积极性，合作学习只是流于形式。在翻转课堂教学模式下，在课堂里学生与学生之间、学生与老师之间的合作学习才是真正意义上的合作学习。

4. 成果展示，分享交流

学生在经过独立探索和合作交流后，完成个人或者小组的成果。学生可以通过报告会、展示会、辩论赛或者小型的比赛等形式交流学习心得、体会。在成果展示过程中，学生或小组可以通过教师与学生的点评获得更深的了解。同时可以通过在观看其他学生或小组的展示中，学习到他人的优点，明确自己的优势与不足。学生在此过程中不断领略学习给他们带来的乐趣，更以一种积极的乐观心态面对以后的学习，增强自身的自信心。这也是一个交流的平台，学生在交流中彼此的智慧火花得以展现。教师在分享交流环节可以通过学生或者小组的汇报，明确学生知识的掌握水平，有针对性地进行后期的"补救"工作。当然在学生展示的环节，教师所做的是为学生创设一个民主、平等的和谐、自由的课堂环境，适时调控学生学习的进程和发展方向。

实施翻转课堂教学模式的学校在成果展示环节，教师不仅鼓励学生在课堂上进行展示，学生也可以在课下通过制作微视频的方式把自己的汇报上传至网络交流区，供教师和同学讨论和交流。对于翻转课堂教学的成败并不在于视频的制作，而是在课堂学习活动的设计。如何改变传统的教师主宰课堂的局面，让学生真正成为自己学习的主人，是翻转课堂教学模式给我们的课堂教学带来的关键点。

四、高校英语课程翻转课堂教学模式的具体实施

翻转课堂的实施方式，如翻转课堂概念所述即将课堂"知识讲授"和学生课下练习"作业"的顺序对调。实际做法是将课堂讲授的部分录制为影片、寻找网络上现有的相关影片或者提供学生进行其他学习资料，以作业形式让学生在课前先进行学习，在课堂上利用有限的时间进行练习、问题解决或讨论等教学互动，以提升学习的成效。翻转课堂包括课前的学习活动和课上学习活动两个相互承接的环节。

（一）翻转课堂模式的实施原理

传统教学过程通常包括知识传授和知识内化两个阶段。课堂上教师通过知识的讲授完成知识的传授阶段，课后学生通过作业、实践等完成知识的内化阶段。在翻转课堂的学习中，知识传授与知识内化两个阶段颠倒过来，即在课前，学生根据教师提供的教学资料完成知识传授阶段；课中，教师与学生之间通过讨论的形式完成习题或实做任务来进行知识内化。

根据布鲁姆的学生认知层次发展理论，在传统教学中，教师带领学生完成的是较低的认知层次，较高层次的认知需要学生自己进行。而在翻转课堂中，较低的记忆理解层次是学生上课之前自己完成的，而对于较高层次的应用创造则是由老师带领学生在课上一起完成。

（二）翻转课堂模式的实施作用

尽管翻转课堂的教学方式越来越得到教育研究和实践人员的认可，但是由于其正处于发展中，还存在一些有关于翻转课堂的疑惑与不解，澄清这些疑惑与不解是翻转课堂顺利实施的关键和基础。翻转课堂不同于在线视频课程。从构成上来讲，在线视频课程仅仅是翻转课堂的一部分。除此之外，翻转课堂更强调良性互动和深度的学习活动。

翻转课堂不是用在线课程、网络学习取代教师指导的形式。翻转课堂教学方式中，学生通过在线视频课程、网络学习等形式进行自学，教师的主要角色由知识讲授者转变为学生学习的指导者和引导者。

翻转课堂不代表学生可以毫无组织地、随意地学习。翻转课堂注重学生的课前学习，但不是要求学生随意地、孤立地学习。翻转课堂的重点在于教学活动的精心设计，通过课下学生自主学习和课上的交流讨论等活动，实现初始的教学目的。现阶段，翻转课堂作为一种有效的教学方式已经得到广泛的认可，这与其本身的作用密切相关。

1. 翻转课堂帮助学生合理安排学习和其他活动

目前，高校大学生除了要完成学习任务外，还要参加各种各样的活动，如学生会工作、比赛、演出、会议、社会实践等，这些活动往往会造成与学习之间的问题。在学习与实践都强调的时代，翻转课堂的灵活性能够帮助学生合理安排学习和其他活动时间，通过提前学习或者课后的补习，实现学业和自身能力的共同进步。

2. 翻转课堂利于学习相对差一些的学生学习

在传统的以教师为中心的教学方式中，教师往往关注那些较好及聪明的学生，因为这些学生能够很快地理解教师讲授的内容，并给予积极的反馈和互动，学习相对差一些的学生往往处于被动的"接受者"的地位，很多时候则是被动地听讲，甚至跟不上教师讲课的思路，影响了其学习的积极性和效果。翻转课堂一方面可以通过学习反复观看教学视频、学习资料等领会教学的内容；另一方面可以将教师从单纯的知识传授者角色中解放出来，使其更有时间和精力针对每个学生的问题进行讲解，从而能够针对学习较差一些学生的需求给予相应的指导。

3. 翻转课堂有助于教学的互动

翻转课堂实施的最大好处在于增加了教师与学生相处的时间。翻转课堂教学方式中，教师的主要任务不再局限于课堂知识讲授，而且能够针对学生存在的问题与学生进行一对一的交流。显然，翻转课堂有助于教学中教师与学生之间的互动。同时，翻转课堂也有助于学生之间的沟通和互动。学生之间可以根据学习内容建立相应的合作小组或团队，通过沟通和交流，实现互帮互助，而不主要依赖教师。

4. 翻转课堂有助于教师对学生的了解

教师与学生之间的关系是学生学习效果的一个重要影响因素。一个好的教师往往能够与学生建立良好的师生或朋友关系。翻转课堂使得教师有更多的时间与学生交流，拉近了教师与学生之间的距离，从而有助于教师更深入地了解学生，更清楚地知道其学习中的难点和困惑，从而有助于教师对学生有针对性的指导和学生学习效果的提升。

5. 翻转课堂使学生个性化学习成为可能

每个学生的兴趣、学习态度和学习能力等都是不同的，这一点早已得到广大教育工作者的认可，但是传统的教学方式侧重课堂和学生的统一管理。翻转课堂承认学生之间的差异和不同，能够实现对不同类型学生的分层教学。在翻转课堂中，每个学生都可以按照自己的学习进度、学习效果进行学习，教师可以根据不同学生学习中存在的问题进行专门的指导，使得学生个性化学习成为可能。虽然现阶段翻转课堂的应用中要求以统一的进度管理，但是随着网络技术的提升和教学方式的改革，学生个性化学习将会越来越受到重视。

6. 翻转课堂改变了传统的课堂管理

翻转课堂改变了学生在学习中的角色，使其真正认识到自己在学习中的地位和作用，使得传统教学方式中一些课堂管理的问题不再存在了。如传统教学方式中，有些学生倾向于扮演课堂扰乱者的角色以引起其他学生的注意，但是在翻转课堂中，几乎所有的学生都在忙于小组讨论和与教师交流，课堂扰乱者越来越少。

（三）翻转课堂模式的实施过程

1. 课前的学习活动实施

课前的学习活动的目标为完成知识的记忆、理解，活动步骤具体如下：

教师：一是提供教学视频（视频可以是自己录制也可以是寻找的其他讲解课程内容的视频）或其他可以满足学生初步掌握课程内容的资料。二是将学生课前反映的问题进行整理。

学生：一是观看教师提供的教学视频或教学资料；二是通过观看教学视频或课前提供的教学资料，可以理解与记忆本节课的学习内容。

课前的学习活动的注意事项：翻转课堂之所以现在流行，是因为科技的发达，学生获取学习资源的便利性有所提高。故教师在为学生准备课前学习资料时，应结合现代科技，并且充分考虑学习资料的趣味性、易懂性。

学生在课前学习时，应该区别于以前的课前预习，因为翻转课堂的课前学习不仅仅是使学生对于本节课的教学内容有所了解，而是要对于教学内容有初步的掌握，即达到对课程内容的理解、记忆，这样才能在课上学习时跟上节奏。

2. 课上的学习活动实施

课上的学习活动的目标为：对于课程内容达到更高的认知层次，活动步骤具体如下：

教师：一是将课前学生遇到的问题进行集中讲解；二是课上大部分时间交给学生进行习题或操作练习，在这一过程中，教师属于指导者的身份。

学生：一是通过教师对于课前疑难问题的讲解，对于本节课内容有更深入的认识；二是与同学进行小组合作学习，完成教师布置的习题或实作；三是遇到难题，小组进行讨论，然后请教教师。

课上的学习活动的注意事项：由于课前学生已经对于本节课的内容进行了学习，课上的任务就是内化学生课前所学知识，故教师在课上不应该再传授新的知识内容。在学生进行合作学习时，教师应该积极观察每组的学习状况，对于学习有困难的小组及时进行指导，及时给予学生反馈，这样有利于学生在翻转课堂学习中达到更高层次认知水平的学习目的。并且，对于课上的习题与实际练习应该控制在课上完成，不要留到课下，以免增加学生学习负担。

（四）翻转课堂模式的实施内容

课前教师将进行教学视频的录制，视频以 PPT 与教师讲解的方式呈现，每节课的视频时间控制在 30 分钟以内。录制完成以后教师会将教学视频上传到网上课程中心平台。学生通过账号登录课程中心平台，观看教学视频，进行课前的学习。若学生在学习过程中遇到困难或疑惑可以将这些困难与疑惑上传课程中心平台。在课前教师会再一次登陆课程中心平台，整理学生提出的问题。

上课之初，教师会将学生在课程中心平台提出的问题进行集中的解答，这样有利于解决学生在学习过程中遇到的困难。然后进行本节课重点知识的整理，以利于学生了解本节课主要的掌握内容。在问题讲解与重点整理之后教师给学生时间进行习题练习，完成习题以后教师还会请三位学生在黑板上写出自己的解题过程，并且向全班的学生介绍自己的讲题思路。学生在课堂上，由以前被动的听课者成为现在的主动的课堂参与者。学生通过 3~4 人一组的形式进行合作学习，遇到问题，一起讨论解决，互帮互助学习。将课前自己所学的知识通过课上的习题练习进行加深巩固。

五、高校英语课程翻转课堂教学模式的运用策略

一定的教学模式要想收到好的教学效果，必须得靠一定的教学策略来保证。所谓教学策略，是在教学目标确定以后，根据一定的教学任务和学生的特征，有针对性地选择与组合相关的教学内容、教学组织形式、教学方法和技术，形成的具有效率意义的特定的教学方案。教学策略具有综合性、可操作性和灵活性等特征。因此教学策略具有动态的构成维度和静态的内容构成维度。教学策略的内容构成在一定程度上反映出其动态的维度。教学策略的内容构成包括三个层次：第一层次指影响教学处理的教育理念和价值观倾向；第二

层次是指达到特定目标的教学方式的一般性规则的认识；第三层次是具体的教学手段和方法。教学策略可以来自理论推演和具体化，也可来自实践教学经验的总结和概括。

翻转课堂教学模式的精髓是让学生对自己的学习负责，充分尊重学生的主体性地位，让学生成为自己的学习主人，改变传统课堂满堂灌的局面，变课堂为学生个性化的学习环境。翻转课堂教学模式以为学生创设个性化的学习环境为基础，以培养学生学习的主人翁意识和创新能力为核心，通过制作教学视频和利用一切有用的教学资源让学生在课前完成知识的掌握和课堂中一系列的学习活动的方法，让学生在自主学习、独立探索、合作探究中实现知识的内化，探求知识的意义。具体而言，翻转课堂教学模式的教学策略有：学生学的策略、教师教的策略和师生相辅的策略。

（一）学生的学习策略

学习策略是学习者在学习活动中进行有效学习的规则、方法、技巧与调控，它既包括内隐的规则系统也包括外显的程序与步骤。在翻转课堂教学模式中，学生在课前需要完成知识的掌握，课中则以独立探究、自主学习为基础，与同伴的合作学习为纽带，实现所有学生的独立性、创造性和合作性综合素质的全面发展。

1. 学生课前观看教学视频策略

翻转课堂教学模式是通过教学视频完成在传统课堂里通过教师直接讲授给学生的知识。学生在课前需要完成知识的初步学习，一般是原理性或事实性知识的学习。

学生观看教学视频所采取的策略是一种对自己本身学习调控的过程。教学视频的时间一般在7~10分钟，我们习惯称之为"微视频"。如何在这短短的10分钟的视频中完成理论知识的学习，首先需要学生有一定的自制力和控制力。首先学生要选择一个较为安静的环境，这样才能免受外界的打扰，全身心观看教学视频。然后，针对自己的情况适时"倒带"。学生在观看视频时会遇到不同的问题。对于基础弱的学生，为了能快速完成任务抱着看完的心态，这样是对自己的学习不负责的表现。学生应该立足自己的实际水平，在开始阶段就扎实自己的基础。最后，做笔记，记下自己不懂的地方或者自己感兴趣、想要进一步了解的问题。这是学生看教学视频中要做的重要的事情。若学生看完教学视频，只是在脑子中过一遍，并没有与自己的原有知识结构发生反应，没有自己的思考，这是无效的学习。这也是培养学生问题意识的重要一步。

2. 学生独立探究的策略

探究是指多层次的活动，包括观察、提出问题；通过浏览书籍和其他信息资源发现什么是已经知道的结论，制订调查研究计划；根据实验论证对已有的结论做出评价；用工具收集、分析、解释数据；提出解答、解释和预测；探究要求确定假设，进行批评的逻辑的思考，并且考虑其他可以的解释。独立探究策略既是一种学习策略，也是一种教学策略。独立探究策略具有主体性、独立性、实践性和开放性等特点，主体性为最重要的特征。

当今世界的发展需要学校培养具有独立研究能力的学习者。一个具有探究能力的人才能具有创新能力，才能体现出人作为独立个体存在的价值。在翻转课堂教学模式下，学生主动参与到学习过程中，积极从事自己的学习活动。翻转课堂教学模式不再只注重教学效果，而更关注学生获得知识的过程。在这个过程中，教师的讲授逐渐让位于学生自主学习的过程，学生不能再依赖教师事无巨细的讲解，而应该培养自己学习的主动性。学生在独立探究的过程中会遇到很多的问题，教师的角色从讲授者变为引导者。学生学到知识，体验到学习给自己的成就感，更激起学生对探究的乐趣。

3. 学生合作学习的策略

合作学习是以现代社会心理学、教育社会学、认知心理学等为基础，以研究与利用课堂教学中的人际关系为基点，以目标设计为先导，以师生、生生、师师合作作为基本动力，以小组活动为基本教学方式，以团体成绩为评价标准，以标准参照评价为基本手段，以大面积提高学生的学习成绩、改善班级内的社会心理气氛、形成以学生良好的心理品质和社会技能为根本目标、极富创意与实效的教学理论与策略体系。合作学习包括师生合作、生生合作、师师合作和全体合作四种形式。

在翻转课堂教学模式下的合作学习是真正意义上的合作学习。学生在一种团结、合作的氛围中不仅学术能力得到提升，学生的人际交往能力也得到增强。此时教师的角色地位得以凸显，教师逐步引导学生深化对知识的认识，逐渐完善学生自己建构的知识体系。

（二）教师的教学策略

1. 教师制作教学视频的策略

在翻转课堂教学模式中，教师需要制作高质量的教学视频。录制教学视频所需要的是：截屏程序、一台电脑、电子笔输入设备、麦克风、网络摄像头。教师在制作教学视频中，可以使用截屏程序。在教师完成教学视频后，可以根据实际情况把不需要的部分用截屏程序去掉。将教学视频加以修改。当教师需要呈现所展示的 PPT 时，截屏技术可以很容易实现。在录制过程中，可以使用屏幕录制软件进行录制，快速捕捉视频中的重要部分，也可使用网络摄像头，采用方便而简便的录制方法。当教师需要在白板上作图以供学生理解时，教师可以使用数字笔做注释。这样学生可以清晰地知道教师讲授的重点，尤其对于需要图来解释的原理时，学生更容易理解。

教师在制作教学视频中有以下要注意的地方：首先要保持教学视频短小，这是根据学生注意力的特征而设定的时间。其次，使自己的声音有活力、生动，节奏流利。当教师以一种流利语言讲授内容时，学生的注意力更容易被吸引。如果教师的语言和语调像和电脑讲话一般，自然不能赢得学生的喜爱和兴趣。

2. 教师教学生观看教学视频的策略

教学生如何观看教学视频是实施翻转课堂教学模式的非常重要的第一步。一种教学模式要想收到理想的效果，做好第一步很关键。教学生观看教学视频就像教学生怎么样阅读和使用教材一样重要。观看教学视频并不像观看娱乐电影或者电视展示节目一样，这些教学视频需要学生以一种像看非小说作品一样的方式认真观看。

教师在实施翻转课堂教学模式前，需要告知学生如何观看教学视频。首先，教师要鼓励学生消除影响或分散学生观看教学视频的东西，譬如学生在观看教学视频的过程中会把其他网页打开或者听音乐等影响学生认真观看教学视频的事情。因此，在实施翻转课堂教学模式之初，需要教师把学生集中进行观看教学模式的训练。在学生遇到不懂的地方的时候如何"停键""倒键"，教师需要学生学会自己控制教学视频，并告知学生这些可以帮助学生看到教学视频的价值。更重要的是，学生真正实现"掌控"自己的学习。其次，教学生做笔记的技巧，例如，给学生一个样板，让学生根据这个样板做笔记。学生不仅可以记下重点，还可以针对自己从教学视频所学习的知识中找出问题和做出知识点的归纳总结。最后，要求学生针对自己所观看的教学视频提出自己感兴趣的问题。这不仅可以了解学生是否观看教学视频，更培养了学生的问题意识。当学生在谈论交流环节提出自己感兴趣的或者自己想要更深入了解的问题的时候，生生之间、师生之间共同探讨，交流的时间和机会得到拓展，而这是在传统课堂中很难实现的。

3. 教师课堂教学的策略

翻转课堂教学模式最重要的不在于教学视频的制作，而在于教师在课堂中教学活动的组织。翻转课堂与传统课堂最大的不同在于：通过不同的教学活动让学生在活动完成真实的任务中完成知识的建构。传统课堂教师的教学策略只关注把知识传授给学生，不考虑学生的具体情况，而翻转课堂教学模式的实施靠教师组织不同的教学活动。

由于在传统课堂中知识的传授被放在课外，课堂教师有更多的时间来设计活动。教师可以针对自己本身所教授的科目、教学风格采用不同的课堂教学策略。例如，对于英语的学习，教师可以根据本科目的特点设置更多的对话、阅读国外文学、写故事等活动，激发学生在课堂中更多实践操作英语的学习。教师不必在课堂上一味地讲解语法等知识，课堂真正被用来组织让学生有更多机会参加到课堂的活动。教师除了要组织不同的教学活动，还要具备一定的课堂引导力。在上课伊始，教师可以采用提问策略检查学生观看教学视频的情况。所提的问题必须是教师基于对本科的设计精心挑选的，教师在此环节要适时引导。同时营造一种宽松愉悦的氛围，鼓励学生说出自己的简介或者表达出自己对教学视频的疑问。

翻转课堂是以学生为主体的课堂，教师成为真正的引导者，如何让学生顺着自己"导"的方向是一门必修的学问。因此教师必须要具备稳固的知识储备和一定的课堂管理能力，使课堂时间得到高效的利用，让学生在课堂中得到真正的发展。

（三）教学相辅的策略

随着时代的发展，它对学生的自主性意识、合作意识和探究意识提出了更高的要求。学校需要在学生的自主性、合作性、探究性上予以重视和培养。翻转课堂教学模式以学生的自主学习为基础，以合作交流为纽带，以探究性学习为学生发展的动力。翻转课堂教学模式关注学生主体性意识的培养，学生的自主性学习成为学习的关键，让学生成为自己学习的主人。同时翻转课堂教学模式的实施要靠教师、学生之间的合作交流和群体活动以实现。

翻转课堂教学模式强调学生的自主性学习，让学生"掌控"自己的学习。无论课前教学视频的观看还是课堂学生独立完成作业等都需要学生自己学习。课前教学视频的观看，学生根据自己掌握的情况可以选择"倒带"，也可选择"前进"。课堂独立完成作业的环节需要学生独立思考，遇到不懂的问题可以请教教师。因此翻转课堂教学模式为学生提供了一种比较理想的个性化学习环境。但是翻转课堂教学模式以学生的自主性学习为基础并不意味着可以对学生放任自流，并不是要排除教师的指导。

虽然可以使用其他教师录制的优秀教学资源，但是教师对自己的学生的具体学习情况有清楚的了解，可以针对学生的情况决定录制的内容，讲解的详细度等，再者学生更愿意观看自己教师录制的教学资源。在课堂教学环节，教师对学生的引导和在学生遇到问题时给予的帮助和指导对于翻转课堂教学模式的实施都尤为关键。翻转课堂教学模式的关键就在于教师教学活动的设计。在教学评价环节，教师需要了解学生的知识掌握情况，给予及时的反馈，使学生明确自己的学习情况。

学生达到能够自己掌控学习的构成需要教师的引导，学生的合作学习和探究学习都离不开教师的引导。学生在小组合作学习活动中，教师要为学生创造一种让学生真切感受到他们是一个团体的氛围，彼此相互依赖。同时在学生交流中，需要教师创造环境让学生彼此交流思想与观点。因此，这些合作活动的开展都是建立在学生教师发挥主导作用的基础之上的。

在翻转课堂里，教师在学生小组活动环节走入学生群体中，了解学生的学习需要，倾听学生的讨论进程。在学生小组合作中遇到瓶颈时，教师给予及时的帮助和指导，给予学生思维维度的调控，让学生突破思维的限制，达到更高的理解水平。学生的独立完成作业环节需要教师走进学生中，具体了解学生在独立完成作业的过程中所遇到的问题。当是个别性的问题时，教师可以给予个别的辅导。当学生普遍都存在理解的问题时，教师需要在全体学生中给予详细的讲解。

六、高校英语课程翻转课堂教学模式的质量评价

（一）质量评价的作用

教学质量评价是依据一定的教学目标对教学效果做出价值判断的过程。通过教学评价反馈的信息，我们可以调控教学活动、激励学生的学习和教师的教学，帮助教师改进自己的教学。作为一种新的教学模式，其教学评价显示出独特的作用。

1. 确保学生知识的掌握

传统的评价是为了给学生划分等级，最主要的目的不是为了学生的发展。翻转课堂教学模式的评价建立在帮助学生实现发展的基础上。因此，翻转课堂教学模式的评价可以保证学生知识的掌握。看教学评价的好坏在于是否实现了学生的发展，翻转课堂教学模式的教学评价帮助学生明确自己实际知识水平。翻转课堂教学模式的评价的目的是基于学生的发展，测试学生实际掌握知识的程度。当学生没有达到要求时可以拥有多次机会最终达到掌握要求。当然对于已达到掌握要求的学生，剩余的评级部分基于学生本身的实际情况，学生可以依据自己的情况确定。

2. 确保学生公平地位的实现

翻转课堂教学模式最大的优势在于：所有学生拥有平等的学习机会，学生可以得到教师个性化的指导与帮助。教师的目光不再只是停留在少数尖子生的身上，教师可以更多地照顾到有更多学习问题的学生。学生达到既定的水平就可以达到75%的学业等级，剩下的

25%是基于学生自身的实际情况。这在一定程度上保证了所有学生可以达到既定的水平。但是要达到既定的水平，对于接受慢的学生可以拥有多次机会来获得这个结果。这在一定程度上保证学生机会的平等性。翻转课堂教学模式一开始本着照顾因各种原因无法到学校准时上课的学生，因此翻转课堂教学模式的出发点就是本着照顾学生的原则。

（二）质量评价解决的问题

（1）如何知道学生已经掌握课程内容。传统课堂教学课堂讲授知识，课下学生完成作业。学生对知识掌握的程度可以反映在学生完成作业的情况上。教师对学生的作业情况予以批改，并没有条件对每个学生的作业情况予以指导，教学进程的安排并不能一味用来讲解学生所做的联系。教师所做到的少量的个别辅导并不能急切关注到急需要得到帮助的学生。学生疑难点没有得到及时的澄清，会影响到下一个知识点的学习与理解。再者对于学生是否真正掌握知识，掌握到怎样程度，教师无法通过练习掌握和了解就不能对症下药。翻转课堂教学模式的评价首先要解决的问题即如何知道学生实际知识掌握的情况。只有了解到学生实际的知识掌握情况，教师才能为学生创造各种条件，帮助学生找到问题的症结所在。

（2）当学生没有做到掌握学习内容，教师如何做。当了解到学生知识的掌握情况，对于不同的情况教师必须要采用不同的方法。对于已经掌握本单元或本节课知识学习的同学，教师可以给他们布置任务让他们继续学习。对于知识的掌握还存在欠缺或者对知识的掌握没有达到规定的水平时，教师需要为学生提供个别化的指导。这种指导可以是让学生在教室里的电脑重新观看教学视频，也可以是给学生提供其他学习资源让学生翻阅查找等，直到学生对知识的掌握达到既定的标准。

（三）质量评价的体系

对于翻转课堂教学模式，最大的一个挑战在于建立合适的评价体系。这种评价体系在客观上能以对学生和教师都有意义的方式评价学生的理解水平。翻转课堂教学模式的评价体系是在掌握学习理论模式下评价体系基础上发展起来的，它们都以"保证所有学生都能学好"为思想指导，在当前集体教学模式下，辅之以个别化指导，从而保证大多数学生能够达到课程目标所规定的掌握标准。然而，掌握学习最终以失败而告终，其主要原因在于评价体系的主观性。翻转课堂教学模式下的评价体系采用现代技术为学生提供有价值的反馈信息，帮助教师实施翻转课堂教学模式，并使这种模式的实施成为可能。

1. 通过形成性评价测试知识理解度

形成性评价是教学活动中根据把握到的中间成果来修订教学计划，进行必要的补充和指导或者根据每个学生的实际情况来安排要学习的内容的评价活动。就这一点而言，它在观念上和在教学活动结束时，从整体上对教学成果进行综合检讨的总括评价是有明显区别的。形成性评价是为了及时掌握学生的学习成绩、学习态度、情感等的评价，以此激励学生的学习，帮助学生监控自己的学习过程。

在翻转课堂教学模式下，形成性评价的主体在学生。教师告知学生本阶段的学习目标，并给学生提供完成学习目标必备的学习资源。但是学生被要求给教师提供自己已经学习过这些学习资源的证据。若不能提供证据证明自己正在向学习目标行进，教师必须快速了解学生的知识理解水平并当场根据学生的具体情况制订补救计划，学习他们未掌握的内容。当然，教师可以根据学生具体的情况提供不同的补救性措施。例如，教师可以让学生重新观看教学视频以此再次了解本节课的要知道的内容，或者给学生教材资源让学生查阅相关资料等。

当教师与学生接触中，主要以对话的形式与学生交流。具有教学经验的教师确信自己的学生理解教学目标，教师的任务就是提供教学刺激，推动学生进行他们可以达到的更深入的学习。要很好地了解学生实际的知识掌握水平，可以应用提问策略。另外，教师要多与学生沟通交流，理解学生，学生是潜在的、发展中的个体学习学生的思维方式；帮助他们学习怎么样高效地学习。教师了解自己的学生，因为教师了解自己学生对教学目标的理解达到什么程度。教师提问的难易程度基于学生的理解水平。学生对知识的理解水平在不同的水平，教学的主要的目标是实现学生的成长。

2. 通过总结性评价测试知识内化度

在翻转掌握教学模式下，形成性评价在学生对知识内容和学习材料的理解上尤为关键，它在学生知识架构的形成中扮演着重要的角色。然而，翻转课堂教学模式同样需要总结性评价，学生可以陈述教师对学习目标的掌握度。在翻转课堂教学模式下，维克森林大学开创了一种独特的总结性评价模式。

目前很多学校采用分数制、百分比制、A～F 等级制评价学生的学业水平。虽然教育界认为这种评价方式并不能完全体现出学生的学业水平，但是仍然要实行这种相对来说比较理想的评价方式。翻转课堂教学模式中的教学评价是在家长、学生满意的 A～F 评价环境下，学生为了证明自己对知识的掌握水平在每个总结性评价中必须要达到至少 75% 的比率。这个比例的制定并不是随意的。而是在翻转课堂教学模式的实践中根据基本学习目标，并创建这种方式的测试，以至于掌握关键学习目标的学生将会达到75%。测定中剩下的25%的水平能够通过"很高兴知道"目标获得。这部分的掌握也是课堂中的一部分，但这部分在接下来的持续的成功的学习中也许不是作为必要的部分来学习的。没有达到75%或者更高比率分数的学生必须要再次接受测试，直到到达75%的掌握水平为止。在学生对某一方面存在困难时，教师要给予及时的帮助和提供补救的办法，给予学生达到目标的支持。当然，对于已经达到75%掌握水平的学生要想要达到更高水平也可以再次测试，这些都基于学生自己的决定。翻转课堂要教会学生对自己的学习负责。当然并不是所有的实施翻转课堂教学模式的学校都采用一种总结性评价的模式，具有不同历史和文化背景的学校采用不同的总结性评价的方式。

第二节　翻转课堂模式下的高校英语教师角色

翻转课堂教学模式作为一种新兴的教学模式，有效促进了课堂教学效果的提高和教学目标的达成，实现了个性化学习，然而，翻转课堂教学模式的兴起对教师角色的定位有了新的挑战。

一、高校英语翻转课堂教师角色定位

"所谓教师角色说的就是教师依据本身职业的特殊之处，以及社会大众对正在从事教育教学的教师的期许，而做出的具体行为。"[1]

在以往的教育形势下，都是教师言传身教，在课堂上学生的自主权很少，都是被动地跟着教师，教师是知识传播的唯一途径，他们拥有绝对的主导权。学生获取知识的唯一途径就是听教师说、看教师写，久而久之学生总是被动的，他们对学习的主动性和热情会降低，严重影响教学质量。但真正的教育并非如此，而是教师和学生的双向交流，换言之就是教师是一个引导者，为学生提供一切有助于学习的资源，学生才是真正的实践者，他们应该通过教师的引导找到学习方法，以教师教授的知识为基础，对新知识进行新的探索和挖掘。在实际学习中要不懂就问，对教师讲的有疑问质疑的时候都要勇敢地提出来。

长期以来，我国的教育形式大都是以教师直接传授为主，其可以延续千年，肯定有其

---

① 　陈晓丽. 高校英语慕课与翻转课堂教学模式研究 [M]. 成都：电子科技大学出版社，2017：98.

不可比拟的优势，但随着社会的进步，其不足不断显现，英语教学就是一个很具代表性的例子，在传统的英语教学中都是学生跟着教师读，从不注重音标语法的学习，英语学习几乎都靠死记硬背。直到20世纪七八十年代，我国才将英语教学正式纳入学生必修课，同时学习国际教学中的语法翻译，并将其运用到本国的英语教学中。由以上内容可以看出，我国传统英语教学中的教师角色可以从以下四个方面来体现：

（一）教材的跟从者与演示者

在传统的大学英语教学中，教师讲课的唯一标准就是课本，包括上课所讲授的知识内容、制订的教学方针及课堂具体安排和计划。总体而言，英语课本就是英语教学的依据。在课堂上，教师就是按部就班地将课本内容进行叙述，很少会有补充内容。不过这也是由于科技的局限，当时不论是信息科技还是网络技术都不纯熟，教师没办法利用多媒体等形式为学生进行图文讲解、音频检测等，所以学生学习的唯一途径就是教师的讲解，唯一的资料来源就是教材，这使得学生知识来源途径太过单一，也限制了他们学习的积极性。不过这并非完全没有好处，因为资料的单一，教师就会更准确、更清晰、更细致地为学生讲解，同时学生也会对课本知识更熟练地掌握。

（二）知识的传输者与讲解者

在原有的大学英语教学中，教师是课堂的主讲人，是知识传达的唯一途径，在教学过程中，学生都是以教师为中心，围绕教师所讲的展开学习，而教师教授的方式即为板书和口头表达。例如在学一个单词时，教师先把它写在黑板上，然后领着学生跟着读，学生就机械地跟着教师，而不会去探究为何会这么发音，或者一个句子这么写的原因，学生没有自己思考的空间。

在大学里英语学习已不单单是会做题就可以了，它讲究的是全面发展，也就是听说读写共同学习。而实际教学中听力和口语学习特别单调，主要方式就是在课堂上与教师的简单对话，听教师的口语发音，没有特定的语言环境，也没有其他练习的渠道。对读写的学习，还是以教师课堂上对课文的分析为主，加之一些作业和习题册的讲解，以及对阅读和写作技巧的描述，却很少有时间专门练习听说。有时接触到新的知识，也没有继续探究的意识，学习缺乏积极性，只有极个别的学生才会回应教师。

和其他学科不一样的是英语还有注重听和说，因此这就要求学生有一定的观察能力和想象能力，而这些是课本理论知识无法实现的。在传统教学中，学生只能通过教师的引导去完成，因此也要求教师自己去探索总结，在探索的过程中对出现的漏洞及缺点能立即改正，并且制订出更有助于学生理解的教学方式。

除此之外，教师也可以以课本内容及中心思想为基础，创设与此有联系的，相对真实的情景，使学生能有一种身临其境的感觉，然后自然而然地在此情境下进行语言表达，这样的学习方式会更有利于学生理解掌握自己学到的知识。通过网络环境进行自主学习，这要求教师依据学生的特性制订有针对性的学习策略，以激发他们的学习乐趣，使其拥有最大的学习英语的推动力。教师要能够做到"量体裁衣"，也就是面对不同的学生要使用不一样的教学方法，不能一概而论，给不同的学生提供适合他们的学习资源。从而使学生在完成学业任务的时候教师还可以监督管理，学生的学习也会更有条理有目的，更主动。其实从实际情况来看，要想使一件事情更有效地完成，主观能动性往往比客观被动的选择更加有效，英语学习也不例外。因此我们更应该将优秀的教学理论放在英语教学的关键位置。

新的教育理论和教育观念不仅是大学英语教学革新的首要选择，也是改革成果的首要表现。教师将培养学生的学习热情放在第一位，可以成功地将策略培训运用到实际教学中，还可以使学生在具体的实践行为中发掘更有兴趣的东西，以增加学习新知识的探索欲。主动建设自主学习的外部要素，包括学习的环境和内涵，这对于激发学生自主学习的内部因素具有促进作用。所以，当学习的外部动力得以发动，再以多媒体技术和网络信息等外部条件作为保障，这对于学生自主选择翻转课堂具有重要的推动力。因此，通过教师的帮助先激发外部动力，再由外部引发内部，使学生自己真正体验到学习的乐趣，从而会更主动更用心地去学习。这也就是翻转课堂终极目标，由此也可以看出教师角色对于网络条件下的英语教学具有不可忽视的推动力，它的作用不容忽视。

（三）课堂活动的组织者

无论何种教学活动，都必须有与其相对应的课堂活动，大学英语教学也一样，课堂活动是教学的主要方式。在教学过程中，恰当的课堂活动有利于教学活动的展开，甚至对增强教学质量有着不可忽视的作用。与其他学科相比，英语有其独一无二的特点，它更侧重于技术培训。因此，教师在上课时会更加注重对学生听说读写能力的全面培养，而课堂活动便是完成这些目标的主要形式。然而教师在具体的教学中课堂活动却是单一的，大都是板书、录音机和幻灯片的播放，通过这些教学方式，学生可以掌握基本的知识，对其原理也只有大体上的了解，学生始终没有真正融入英语学习的环境中，这些课堂活动都比较呆板，学生没法直接参与，只能通过眼睛和耳朵去感受，两者仍然处于一个分离的状态，虽然有时会有对话练习或者英语辩论和话剧表演，但这毕竟是有限的，一些更有作用的形式诸如电影配音、远程对话等难以实现，大多时候的练习都是处于一种假想的状态，学生练习全凭想象，虽然其可能更直接，更容易理解，但缺乏氛围，很难投入真情实感，没有太深的感触，当然对此记忆就没那么深。

（四）学习评价者与现场掌控者

在高校英语教学活动中，有一个关键环节需要引起重视，即教学评估。建立完善的评估体系可以促进教学目标的顺利进行。通过教学评估可以使教师在获取教学反馈信息后及时对教学管理活动的不足之处加以改进，促进学习效率得以提高，达到更好的学习效果。我们要对所有的学习活动都要进行客观的评价，需要注意的是学习评价具有阶段性，不同阶段评价的侧重点是不同的，我们根据学习评价做出判断，教师授课效果怎么样，学生学习效果如何，并找出存在的问题和不足之处，有针对性地进行改进，使学生取得更好的学习效果。在网络没有普及的时期对教学质量进行检查时，所采取的方式比较单一，只能通过作业本和试卷进行，从大学英语教师的角度进行研究发现在英语翻转课堂教学中，教师的职责不但没有被弱化，反而承担起更重要的任务，这种模式对教师来说是严峻的考验，对教学水平和能力的要求更高了。

翻转课堂对学习者提出更高的要求，学习者要树立明确的学习目标并坚定地向着该方向努力，在学习过程中还要讲求科学的方法，针对自己的情况制订出适合的学习方案，但是显然学生并不具备这样的独立学习的方法和能力，自我掌控力较差，在这种情况下教师就要发挥出应有的作用，对学生进行正确的引导和监督，使学生的学习更具目的性，可以有规划、有效率地进行学习活动，才能取得更好的学习效果。另外翻转课堂还有其他学习方法不可比拟的优势，即自由度和灵活性更高，但是这种模式中教师的作用是不可缺少的，大学生在进行知识构建时，通过教师的指导和培养下能够进行自主学习，这对大学英语课程的学习大有益处。在翻转课堂这种新型教学模式中，教师的职责已由传统的发布指令者变为协助者，这种身份的转化使其工作重点和在教学中所起的作用发生偏移，但是教学中所承担的责任则更加重要。

二、高校翻转课堂教师与传统教师的差异

社会一直处于动态发展之中，尤其到了科学发达的今天，学习也呈现出多元化的状

态，合格的优秀教师必须转变教育思想观念，从中心的位置退下来，把学生推向学习的舞台，这是时代发展到一定阶段后教育必然面临的不可更改的趋势，教师以退为进，促进新型教学模式的形成，同时也是教师对自己所做的明确定位，以及对学生高度负责和信任的具体行为表现，也是导演教师区别主演教师的关键所在。

教师是否能迅速适应时代的发展和新的教学模式，将决定着课堂教学质量，同样对教学改革也起到推进作用，翻转课堂教学模式是改革和创新的产物，在这种模式中主演教师的缺陷决定其无法适应新的形势和无法满足学生需求的现实，而与之对应的导演教师的优势则被彰显出来并深受学生欢迎，而导演型教师和主演型教师两者的差别很大。

（一）翻转课堂——导演型教师

由于受到传统教学模式的影响，很多教师在面临角色转型时都会感到困难，在翻转教学中导演教师作为统领全局的总指挥，也是基础教育课堂中的具有独立和理性思考能力的成年人，必须具备以下特征才能完成使命：

1. 教练特征

在人生的跑道上教师是不可能替代学生的，他需要做的是教会学生如何训练，承担起教练的职责，使学生在掌握正确方法后去自行发挥，在翻转课堂教学中解决学生的疑问，并引导学生去思考解决问题的方式，并且根据不同学生的特点进行针对性的教学，采取差异化培养的方式要做到三点：第一，要让学生有学习的目标；第二，要让学生拥有好的学习习惯，使其掌握正确的学习方法，并提高发展认知能力；第三，挖掘学生的潜力开发学习动机，使学生对学习充满好奇心和兴趣，可以使学习的积极性显著提高。

2. 知己特征

新型师生关系应是和谐融洽的，教师不但是学习的指导者和知识的传授者，更应是学生的朋友，形成亦师亦友的关系。第一，翻转课堂所倡导的是探究式学习方法，而这种模式的形成需要师生共同努力才能够达到；第二，因为得到知识的方式越来越多，教师的权威早就在被分化的状态之中；第三，由于网络的普及，越来越多的学生更加热衷与计算机的亲密接触。由于以上三个原因，教师必须与大学生建立朋友和知己的关系，才能够深入到学生的内心世界，才能了解学生的学习情况和思想变化，而且也能帮助学生拥有好的性格。

3. 能工特征

信息技术方面，教师要掌握教学微视频等多媒体的制作技术，在翻转课堂中微视频是不可缺少的重要手段，也是教学质量的保证，教师根据教学需求而制作各种微视频，这是技术专业知识的结合，要求教师必须掌握一种以上的制作技术，并且按照需求进行剪辑和加工，使之与课堂教学的目标更加接近，在这个过程中，教育承担了 IT 能工的职责。

4. 学者特征

丰富的教学资源是知识量的重要保障，作为现代教学模式下的教师，必须要不断提升自身知识和素质，原因有两个方面：第一，学生并不满足于通过微视频进行课前学习，还会利用网络的方便条件来学习相关知识，学习的深度和广度得以拓展的同时，也会出现教师由于知识量不足而无法回答学生提问的情况，这对教师提出更高的要求，必须要通过不断学习使自己的知识量和教学水平不断提高，使教师尊严与威信能够得以保持和强化。第二，目前的社会知识更新速度极快，为了不被时代抛弃，必须做到与时俱进，同时也在学生面前树立勤奋好学的榜样，这是优秀教师必须履行的义务和责任。

（二）传统课堂——主演型教师

传统教学模式下的主演型教师无法适应发展和需要是不争的事实，如何改变自己走出桎梏，需要迎接以下方面的挑战：

（1）改革的挑战。有时候教师会把讲台当成舞台，并且在这个舞台上表现自己，这时候学生就成了附庸，教师对学生能不能自主学习，是否实现个性化发展等问题并不重视，甚至起到压制作用，这与课改的目标是背道而驰的，违背了课改的核心理念，要认识到学生要处于主体地位以及学生发展的重要性，使教师角色转型慢慢完成，用学生学习的促进者、学生成长的伴随者这样的身份来定位自己，能够在课改的实践活动中做到理论联系实际，以此为基础制订出科学有效的课改方案。但是通过调查发现很多学校并没有真正落实课改的要求，教师仍然占据主体地位，课堂仍然是教师显示自己学识的舞台，而新课程改革则向主演式教师提出了挑战。

（2）教育信息化的挑战。我们处于知识和信息极其丰富的时代，人们获取知识的渠道已进入多元化的状态，教师传授知识的功能处于弱化状态之中已经是不争的事实，但是当下教师对同学的疑惑进行解答的功能却突出地表现出来了。

（3）教育个性化的挑战。教师传统的教育机制中一般使用统一的培养方式，以学生实现统一发展，而最终结果是学生个性和才能被埋没，从而失去创新的兴趣和能力。为了使学生具有创新精神，必须实行个性教育，在全面发展的基础上，使学生能够突破个体差异实现健康发展，为了达到这个目标，主演教师面临着严峻的考验。

（4）学习理念更新的挑战。由于信息和网络技术已融入人们的生活，人们的学习方式和理念也随之进入全新阶段，学习的本质早就发生了变化，不只单单是消化吸收知识了，作为学习者要建立连接而使自己不落伍。

三、高校英语翻转课堂教师角色的转换

翻转课堂教学模式改变了教师的角色，教师不再只是站在讲台上传授信息，成为关注的中心，而是做起了作为教师而言最重要的事情，教师帮助学生、带领小组讨论，与有困难的学生一起学习。在大学英语翻转课堂中，教师会一直在教室里巡视。查看学生对关键学习目标的掌握情况。教师如同一位补助型教练，在探索知识的道路上指引学生，教师同时也有了更多机会去鼓励学生，告诉他们哪些地方做得对，并纠正他们的错误理解。此举改变了课堂的活跃性，课堂时间成了学生的学习体验时间，而不仅仅是下载、上传知识的过程。

（一）翻转课堂教师角色转换的前提

传统教学模式一直以教师为主导，学生只作为被动的接受者而无权参与和左右课堂教学安排，教师以课堂为舞台把书本的知识向学生传递，而学生却出现两种情况：一部分虚心好学接受知识并记录；另一部分无心听讲。出现这种截然相反的现象的原因在于知识信息处于单向流动状态，师生之间独立性强，缺少交流和互动，知识内外吸收的情况并不乐观，在课下还要继续对课上内容进行吸收，尤其是基础较差和学习能力较低的学生而言很难完成内化吸收，在这些方面的改革中翻转课堂的优势是不可比拟的，具体如下：

（1）改变机械灌输模式。传统教学模式向学生灌输大量知识和信息，但学生的水平、能力、个性都各不相同，灌输式教学无法兼顾这些差异，只能机械地照本宣科，出现班级相同、教师相同，但教学效果却出现较大的差异。在传统的教学模式下学生都是自己学习，缺少交流和讨论。而翻转课堂则是从单纯的灌输知识转型为教师与学生、学生之间进行交流和探讨，不但使学生解决问题的能力提高了，课堂教学效率也得以提升，师生、生生之间的关系也更加融洽。

（2）提倡个性化学习和差异化教学。在传统的教学模式中，对于学生的个体差异是无法顾及的，差异化教学无法完成。教师按照事前制定的教学规划开展课堂教学活动，而学生则处于被动接受状态，导致的结果是学习效果出现巨大差别。而翻转课堂则可以解决这一弊端，学生可以根据自己的情况多次观看教学视频，学习的针对性更强，而教师也有时

间和精力对学生进行单独辅导，使得教学的差别化渐渐被人重视。

（3）教师的思想与学生的思想都要有所变化。教师的责任自古以来就是教书育人，教师有传播知识和解决疑难的责任。教师一方面要传授知识；另一方面要指导学生学习并解决问题，但是在实践课堂活动中，教师却无法满足所有学生需求，无法为每名学生解除疑难，究其原因有两个方面：一是学生出现的问题过多；二是时间有限。翻转课堂则使得这些问题获得解决。学生能够在课下进行自主学习，在课堂上则提出疑问，教师则利用课堂时间来进行答疑活动，学生在自主学习时发现的问题向教师寻求答案，而教师对所有问题进行归纳总结后并进行解答，学生在发现问题的过程中会积极探索解决问题的方法，不知不觉中学习的积极性被调动起来，会采取多种学习模式使得学习任务得以完成。翻转课堂是新型教学模式，使传统教学模式发生改变，同时也利于教师发挥自身才华和个性，在改变教学理念和教学方式的同时，促进学生构建出正确的学习模式，以实现创新式学习。

（二）翻转课堂教师角色转换的机理

机理的意思是要使得某个功能获得实现，所有组成要素的运作方法和他们之间相互关联与相互作用的机理，以及运作方法之于翻转课堂里教师的角色转化而言，一般展现在以下方面：

（1）性善论与Y理论。孟子认为，人性本善，应该充分肯定人的重要性，把人作为管理目标的核心，运用道德的力量去感染人们，让他们达到自律。美国的行为科学家格拉斯麦克雷戈有著名理论即人性假设Y理论，该理论则充分肯定人的天性勤奋努力，具有良好的自我管束能力，有担当有创意，也有追求和理想，所以将管理的着眼点放在提供机遇、开发潜能、打消障碍和激励成长上，另外还有给予必要的引导。因此，将孟子的人性本善理论和Y理论放在一起讨论，可以得出，尽管人与人之间差距很大，核子的特征各不相同，才华不尽相同；但如果没有太多的外力阻碍，孩子们一般都会慢慢成长，在教学实践里，教师将翻转的课堂的主导权交给同学们，也就表明教师们对他们充满了信任。换言之，教育者要悉心陪伴孩子成长，为其排忧解难，充当学生的人生和学习的导演。

（2）做到为掌握而教的掌握学习法。教育最重要的目标就是让同学们了解获得学科知识的方法和技能。在让所有学生都能够好好学习的情况下，以班级教学作为辅导基础，对学生实施规律性长期性的反馈与矫正，让学生拥有足够的学习时间，可以对个别学生实施针对辅导，这便是掌握学习的全部内容。当学生充分领会本单元的任务和知识，再引入新部分新单元，让教学任务达到新课标所要求的水平。借助自主学习、进阶学习、时间差异教学和及时反馈的理论基础，让教师完成翻转课堂教师的角色转化，使自身成为学生的导演。

（3）新建构主义，实现零存整取。新建构主义教学法的主要步骤是：从分享到交流，再到协作，然后是探究，最后是零存整取，通过让学生表达和书写并实践出他们从网络或者微视频学习到的新事物，运用零存整取的方法构造完整的理论知识系统。新建构主义和翻转课堂其实有很多共同点，例如说，课堂上，教师领导学生进行知识交流和分享，然后再对学生的作业完成情况以及讨论结果进行必要的评价和指导，这样一来，就为教师退居幕后，成为导演奠定了理论基础。

（三）翻转课堂教师角色转换的方法

在课堂翻转模式中，有关于高校教师对自身角色进行转变的要求，教师需要将传统模式中以教授为主要方法的主角认知改变为以指导为主要方法的配角认知，且教师还需拥有多种技能，不断提升自身修养，学会在角色改变期间寻求趣味，与此同时，还应能够与学生进行合理沟通，弥补传统教学方式的弊端，体现出翻转课堂教学模式的优势，从而提升教学品质，帮助学生达到自我进步，这就要求教师必须改变自身在教学中所扮演的角色，下面重点探讨在翻转课堂中教师的行为标准。

1. 转变英语教学观念

首先，建立服务学生的认知，给学生创造出一个安适的学习氛围，使其获得自我学习与交流合作的平台与空间，把以教师为中心的模式转换为服务学生的模式，此种观念的改变不仅是促使翻转课堂得以实行的基础，而且是教师由传授者转变为指导者的必要条件；其次，确立新的目标观念。大学技术教育采用的是定向培养的专门化方式，所以，教师不但要给学生教授知识，同时还要帮助学生自我进步，通过讲授多范畴的教学内容，使学生看清自身的兴致与特长，而且要专注于学生的自主提升与自我发展，将学生的提升与发展当作教学工作的目标与核心；最后，改变对教授对象即学生的角色认知。学生不仅仅只是教学中的被动者和直接接受知识的客体，同时也是具有自主判断能力与独具个性的个体，这种在教师教学理念上的改变能够极大地帮助其在实际教学工作中的角色转换。

2. 提升信息技术技能

（1）了解微课、慕课的有关内容，并学会对相关软件的运用，学习制作微视频，再按照不同学科，遵循学生的认知规律，采用恰当的方式传播知识，帮助学生的了解与消化。

（2）运用信息技术方法来掌握学生课前准备状况。例如，视频任务的完成状况，学会运用信息技术和学生进行互动与讨论。

（3）通过现代信息技术方法来充实教学内容与教学方式。例如，结合视频音像等创作出精良的多媒体课件，以增加课堂的趣味性与直观性以及灵活性。

（4）需持续了解并学会新的信息技术方法，提高信息能力，保障翻转课堂的顺利开展。

3. 树立终身学习理念

首先，教师需依据所在的专业和研究的范畴，掌握所教科目知识内容的总体框架，并且做到明白各要点内容间的构造，可以在教学过程中将各种知识有机融合起来，做到触类旁通，闻一知十；其次，从学习内容角度上来看，应注重可用在教学方面的先进信息技术方法以及最新的教学观念改革形势等；最后，从学习习惯角度上出发，教师应具备主动学习与自主思考的优良习惯，起好实际带头作用，先做好需要学生做的，而且无论何时何地都应拥有积极主动的学习与思考的态度，时刻保持神完气足的状态，不断创造学生各种学习情境下应具备的各种条件，在翻转课堂中为教师的角色转换奠定基础。

4. 确立平等对话机制

与传统教学模式比较，翻转课堂传授知识采用的是要求学生课前主动学习教学微视频和在网络上互相交流的方式，所以教师需要做的是激励学生自主学习，与学生平等对话交流，并掌握学生的学习进程，帮助学生进步与提高。教师与学生通过交流和讨论从而加深相互的理解，这也是翻转课堂模式发挥出的新功能。在师生的相互交流形式中，想要把俗成的命令式方式转换成良好的平等交谈方式，则需要教师做到两点：第一，和其他人要平等对话。平等对话不单单是在教学工作中运用的一种方法，而且为教师与学生进行双向交流沟通与互动提供了一个有效平台；它不只是普通直接的语言交流，更应该是教师与学生的互相借鉴互相理解与互相吸收以及共同进步。第二，对话的深入化需要真正意义的对等。这种对等是在身份地位和口吻语气上的对等，教师应该消除优越感，使学生不会在交谈中感觉到谦卑与压迫，而且应理解对方的认识、经历和言论；采用合适的交流方式与内容，将课堂新功能发挥出更大的作用。

第三节　基于翻转课堂模式的高校英语师生交互

翻转课堂作为一种先学后教、以评促教、以学定教的教学模式，改变了传统课堂的教学结构，使学生不再只是简单地、机械地接收教师的知识传授，教师也不再需要对同一个知识点进行多次重复讲授。它让学生在课前利用教师制作的微视频进行自主学习，并完成相应的任务单，在这个过程中实现知识的传授。在课堂上，师生通过交互完成一系列的问题解决活动，促进学生知识内化。在整个过程中，学生成为学习的主体，制订自己的学习步调，对自己的学习负责，而教师成为学生学习的指导者、促进者。翻转课堂教学模式为学生提供了主动学习的机会和条件，为教师有针对性地教提供了基础，同时也为师生交互提供了更多的时间和空间。通过课前师生交互准备、课堂师生交互行为、交互内容以及交互环境等方面对翻转课堂中的师生交互进行研究，以此了解翻转课堂师生交互的现状，并对现状中存在的问题进行梳理，构建翻转课堂师生交互模型，并提出解决师生交互问题的策略，促进翻转课堂中师生更好的交互，同时也增强翻转课堂实施的效果。

一、交互、师生交互与翻转课堂师生交互

（一）交互

交互，起源于计算机科学，又在社会学中得到发展。交互可以理解为交流、互动，是两个主体在信息的推动下，相互作用相互影响。交互的内涵包含互动，互动是指主体间的相互运动，互动的主体一般指同类事物，如教师和学生，家长和教师等。交互的含义更广泛一些，它的主体没有限定，最常见的是人机交互。从交互的内涵中，可以看出它是主体间的往返运动，交互主体在发出信息之后，会收到另外主体的反应，强调主体双方的相互交往。其次，交互会使主体间形成一种关系，同时主体间的关系又会影响交互。即交互主体关系是相互联系、相互促进的。最后，交互是一种过程。在过程中，交互主体发生交互行为，形成交互关系，完成一系列任务，实现交互目的。

（二）师生交互

在教学活动中，交互是教学主体间以教学内容为中心，借助一定的技术形成的直接或间接的相互作用。教学活动中的交互一般包含师生、生生和师生与教学资源的交互，在信息化环境中，教学活动中的交互还包含师生与技术的交互。这些都是以教师、学生为主体的交互，统称为师生交互。师生交互，是教师的言语、行为动作以及神态等传递教学内容，学生接收信息并做以反应，获得知识的过程。师生交互，是教师与学生间的相互作用，包含直接作用和间接作用，即师生交互不仅有教师和学生间的直接交互，如师生对话；还有师生间的间接交互：教师与信息技术间的交互、学生与信息技术间的交互。它们

都是围绕着教学、在媒介的支持下开展的交互活动。

从传播学的角度来看，师生交互是教师、学生在信息流中的相互作用，具体而言就是教师、学生作为信息的两端，不断输入、输出信息的过程。在以信息为中心的作用中，师生不断地对信息进行整合，形成自己的信息群。从社会学的角度来看，师生交互属于师生间的人际交往，在交互的过程中，师生对彼此有更清晰更深刻的认识，也能更加理解对方，形成一定的师生关系。从教育学角度来看，师生交互是在教学环境下，教师和学生通过各种媒介进行的以教学内容为中心，并指向教学目标的一系列活动过程。师生交互按照不同的分类标准有不同的交互类别，根据交互主体可以划分师班、师组、师个、生班、生组、生个等，按交互层次又可以分为操作交互、信息交互、资源交互。从交互主体性表现可以将师生交互分为以教师为主体的师生交互、以学生为主体的师生交互以及师生并重的交互。

教师为主体的师生交互主要存在于讲授型课堂中，以教师讲授为主，在讲授的过程，教师会有提问，学生处于被动状态，做出回应。整个课堂几乎没有学生同伴间的交流。教师会对学生个体有要求，学生个体也是被动地进行反馈。以学生为主体的师生交互出现在探究类课堂中，是以学为主的教学设计理念下的师生交互。学生处于积极探索，认真思考的氛围中，小组合作解决问题，解决不了的能够主动向教师提出来，教师在学生理解的基础上进行指导，在交互过程中，教师的作用就是组织者、引导者，时刻关注学生学习过程中出现的绊脚石，并及时给予帮助。

还有一种师生交互是师生并重的交互，指的是课堂中教师的权威受到一定限制，学生的主体性有所凸显。教师在讲授知识的过程中，学生会主动吸收，通过问题的解决来消化知识。在消化的过程中，学生会立足自己的问题与同伴或教师交互，使自己能够清楚地理解教学知识，同时掌握解决问题的方法。师生交互具有以下基本特点：

第一，师生交互是基于教学资源的交互。师生交互产生于教学活动，而教学活动是以教学内容为中心的，即师生交互是基于教学资源完成明确目的的过程。教师和学生是在教育过程中存在的主体，主体间有明确的交互主题即教学内容。这里的教学内容是一种广泛的说法，它包含教育的有关德智体美劳等促进学生全面发展的相关内容。教师和学生通过自我的认知建构将教学内容吸收，在一系列问题解决的过程中，彼此分享、交流，逐步提高认知能力。师生的认知方式有差异，对于交互主题即教学资源的形式应该多方面考究，以便促进师生更好的交互。

第二，在师生交互中以言语交互为主。教学环境下发生的师生交互行为多以言语为主，除此之外还有行动、神情、语气、姿态等形式。在师生交互中教师主要是组织、管理教学活动，对学生进行指导、提问或评价。据心理学调查研究，人际交往中，使用语言的频率最高，但对交互结果影响较大的是话语中包含的情感。教师的情感不仅表现在完整的话语中，也表现在言语中的语气或语调，这对学生也有着不能忽略的意蕴。学生的言语主要是在课堂中发表见解或对自己的展示进行说明。学生在教学过程中表现的小动作、眼神等也是很有价值的信息，可以帮助教师理解学生当时的心理状态，对促进师生交互有极大的帮助。

第三，师生交互有明确的目的。教师为实现一定的教学目标将课堂设计为一系列的活动，在活动中，师生发生交互。师生交互最终是为了实现教与学的目的：学生能够顺利掌握教学内容，身心得到全面发展。课堂中教师与班级、教师与小组、教师与学生个体等不同群体间的交互都是为了促进学生的认知和心理发展。学生通过与教师、同伴、自我的交互，实现自我表达、自我发展的目的。

师生交互的实现需要四个条件：交互的主体、交互的基础与条件即交互的准备、交互的过程以及交互的结果。这四个方面促成了师生交互的结构。交互的主体是交互中的教师与学生。交互的基础与条件是师生双方有交互的意愿，并具备一定的知识基础，即对教学内容有初步的认知，否则交互难以进行或维持。交互的过程是指师生交互行为的维持。交互的结果是师生双方对交互行为的评价，交互效果直接影响师生的心理状态。师生交互结构是师生交互能够实现的要素，在课堂实践中，也是师生交互的必要条件，同时对师生交互的效果有一定的影响。在师生交互中起着重要作用的因素是：交互内容、交互环境、交互形式以及交互行为。交互内容是引发学生兴趣、讨论、质疑的问题，交互内容的设计影响着学生的交互行为。交互环境是对交互过程起支配作用的一个交互因素。在师生交互中，交互环境是促进或消退师生交互行为的因素的集合。交互行为是交互主体在交互过程中的外在表现包括行为、言语、神态等。

（三）翻转课堂师生交互

翻转课堂中的师生交互是指在翻转课堂模式下发生的师生间的相互作用。翻转课堂的实施包含三个阶段：学生自主学习阶段，发生在课前；问题解决阶段，发生在课堂；问题整理，知识总结阶段，发生在课后。在翻转课堂实施的过程中，形成不同层次的师生交互：直觉式、反思式、生成式和沉浸式交互。学生观看微视频资源时，通过教师的声音、画面获得师生间接交互，在感知觉的作用下，对知识有了初步的认识。直觉式交互激发学生的学习兴趣，对学生是起一定的引导作用，让学生获得自主学习的体验。学生完成对知识的初步理解之后，进行一系列的问题解决，解决的过程遇到难题或是疑惑，与教师或同伴进行交互，分析自己的思路或其他人的建议，对知识或学习过程进行反思，形成反思式交互。这是对直觉交互的提升，在反思式交互中，学生对知识进行思考，在认知结构的发展中，发生同化或顺应。在课堂教学中，教师与学生通过结构化的教学内容，不断地对问题进行分析，解答，将教学难点逐步消化，形成生成式交互。在这个过程，师生交互的过程和结果是彼此的发展中完成的，具有不可控性，也是学生思维发展的重要阶段。生成式交互是学生在对知识有过思考的前提下实现的，学生对知识有深层次的理解，能够与同伴进行多层次多方位的交流、分享，丰富知识的理解；同时能够与教师探讨解决方法或知识应用层次的问题，而不只是停留在知识的理解层面。在学生对知识的理解以及应用形成自己认知结构时，通过建构虚拟现实环境，让学生融入情境中，解决问题，形成一种沉浸式交互。这是翻转课堂中的高层次交互，学生具备自主解决问题的知识储备、专注力以及激情，教师作为学生的协助者，共同将教学目标顺利实现。

交互平台、交互软件等交互工具为翻转课堂师生交互提供了支持性条件，对师生交互有一定程度的影响。从国内翻转课堂的实施现状来看，主要的交互平台有智慧教学平台、阳光微课平台、论坛等，交互软件有各种微信等，除此之外平板等学习终端。翻转课堂师生交互在交互平台或交互终端的支持下，教师对学生的学习过程可以达到全面的监控效果。在交互终端的支持下，教师可以观看到每个学生的学习过程，对于学生学习中的困难可以有直观的感知，对个别学生的学习结果也可以看到。这些都为翻转课堂师生交互提供了必要的准备，是实现个性化学习的技术支持。在交互平台、交互终端中，师生形成知己知彼的交互，学生不再是单独的学习主体，而是有同伴一直伴随左右。学生不仅可以在学期段中了解自己的学习在班集体中的位置，而且可以随时随地了解同伴的学习结果。在教师可以对学生的学习过程进行评价，学生之间也可以互相评价，在互评的过程中，促进学生的学习主动性和积极性。信息技术的支持下，翻转课堂师生交互更全面、更及时、更有效。

翻转课堂师生交互的内容有多种形式如习题、案例、项目、学生作品等。与传统课堂师生交互相比，具有多种类多层次的特点。翻转课堂师生交互的每一阶段，都是建立在学生的学习主体角色之上的，师生交互的目的也都是为解决学生学习中的问题开展的。从知识理解到知识应用到方法掌握，让学生得到自我发展。翻转课堂师生交互体现师生角色的改变，教师为学生的学习提供资源支持、技术支持、环境支持，学生自主调控学习步调，实现主体性特点。

二、基于翻转课堂模式的高校英语师生交互元素

翻转课堂教学模式的实施包括课前和课中两个阶段。课前教师制作微视频，制订任务单，学生利用这些资源进行自主学习。课堂中，师生围绕自学结果进行一系列的问题解决。在这两个阶段都有师生交互发生，课前活动是课堂交互的准备，课堂师生交互又需要交互主体、交互工具、交互内容等的协调，针对以上内容，进行翻转课堂师生交互特点分析，具体如下：

（一）师生交互的准备

师生交互的准备是指师生对交互效果的心理期待、对交互知识的储备以及对交互的兴趣等。翻转课堂的实施分为学生自学过程和师生交互过程，这里分析的主要内容是学生自学过程，包括教师提供的微视频的质量、任务单的设计、学生学习的结果以及教师对学生学习结果的掌握情况等。通过对学生进行调查，分析学生使用的微视频的质量、学生自主学习的效果以及教师对学生自学结果的情况，从而发现师生交互准备中交互资源、交互工具等方面的特点。

1. 微视频的质量评价

微视频是学生自主学习的学习资源，是对学生学习兴趣的激发，也是对学生学习思考、学会提问的引导。从教学活动的角度而言，微视频是促进学生完成自主学习的有力支持，从微课概念的提出至今，微视频的制作方法等已经很普遍。从学生普遍认可的微视频的质量标准中，可以看出用于翻转课堂的微视频具有明显的知识传递的功能，教师对微视频中的语言表达、声音图像结合的展示等方面都有了清晰的认识，并在实践中做得较好，这也是传统课堂中教师具备的基本素养。在微视频中，教师讲授的逻辑性、画面的清晰度以及关卡的设计还有待提高。教师讲授的逻辑性与学生的理解效果相关，画面的清晰度直接影响学生自学的情绪，关卡的设计是为学生学会思考提供时间，是促进学生归纳知识、应用知识的指导。在微视频的制作中，需要对这些方面进行关注并不断改善。

2. 自主学习的效果

不能独立解决的作业为课堂交互提供了交互内容，围绕这些不能独立完成的任务，可以展开有针对性的师生交互，让学生在问题解决的过程中实现知识的内化。这说明课前任务单中的问题设计的难易程度一般，同时也为开展课堂师生交互活动提供了必要性。依据

布鲁姆教学目标分类，从学生自主学习的结果中，可以看出学生对知识的理解程度一般，课前知识传授的结果并不是很好。翻转课堂为学生提供了自主学习的时间和空间，同时让学生自己制订学习步调，这种完成知识传授的方式与传统课堂中教师面对面的传授带来的效果可能还存在一定的差距，教师有必要将面对面传授知识过程中的有效机制迁移到课前网络化学习过程中，从而促进学生进一步提高吸收知识的效果。

3. 交互工具

教师对学生学习结果的了解，是教师进行教学设计的前提，也是课堂师生交互的准备。学生结束自主学习之后，教师要对其学习效果有所掌握，把握学生的困惑，引导其解决，这样才是学生学习的帮助者。在翻转课堂教学模式下，教师对学生课前学习结果的了解，有很多方式：可以让学生将任务单的结果上传平台，也可以利用腾讯 QQ 或微信与学生进行交流获取相关信息，也可以通过课堂检测对其了解。学生将学习结果上传至平台，教师不仅可以看到学生上交作业的情况，同时对每个学生的作业质量也可以进行分析。除此之外，学生之间也有了交流的机会，在学生互评作业的过程中，增进对知识的理解，对教学内容中的重难点也有了初步的交流分析，教师可以对学生之间的交互进行评价，促进学生积极主动的交流。另一个是通过交互软件工具交互了解的。还有一个课内翻转的课例，学生的学习过程是在教师的监控下完成的，教师对学生的学习进行时刻关注。课前检测的方式是对学生的自主学习结果的局部了解，在技术平台的支持下，师生交流得更及时，更全面。教师可以将学生的学习结果作为师生交互的内容，通过选取有代表性的学生答案放在课堂中，让学生共同来分析、评价，这也是促进学生知识内化的手段，也能更好地促进师生交互。

（二）师生交互的行为

1. 师生交互类别

交互种类的数量是课堂交互形式的体现，交互形式多的课堂，对应的交互行为种类也较多。在化学课堂中，教师和学生的交互在各个层次都有发生，不同主体之间的交互在课堂中都有体现。地理课堂同样如此，教师在课堂中首先对学生自学进行检测，形成师班交互，然后将学习任务分配给小组，小组成员之间交流、分享，形成个组交互，接着是学生课堂展示，形成学生个体与班级的交互，再次是教师、学生对展示的评价，形成生生、师生间的交互。在不同主体间的交互中，实现对教学内容的多次消化，最终将课堂问题一一解决。对师生交互种类较少的英语课堂，课堂活动安排较单一，多是在听说读写中开展教师与个体间的交互。在语言练习中，存在极少的生生交互。在大学英语课例中，教师和学生在交互终端的支持下，有明确的交互目标即确定的交互问题，师生间多是对问题的直接讲授或是解决办法的分享。

不同形式不同科目的师生交互中，师班交互都占有很大比重，交互行为比率接近一半，甚至更高。教师与班级的交互是传统课堂的最大特点，教师通过对学生群体的关注，完成知识的整体传授。翻转课堂中知识传授的过程应该在课前实现，课堂中教师和学生进行结构化问题的解决，在问题解决的过程中师班交互较多。

在教师与学生个体的交互中，主要的交互行为是提问与回答，在师个交互中，比率较大的是大学英语以及其他学科，由于学生对象容易受外界评价影响的特点，教师对学生的评价较多，激发学生课堂中积极踊跃地回答问题。在师班交互中，教师的交互行为包括组织、引导、评价反馈、协商讨论、提问等，在师个交互中主要是辅导答疑、评价反馈、协商讨论、请求回应等交互行为。教师表现出与班级的交互多于与个体的交互，从翻转课堂的实施结果中，可以看出在教学模式发生改变之后，教师对学生个体的关注还不是很明显，还不能实现学生个性化学习需要的满足。

2. 师生交互角色

翻转课堂中教师是学生学习的指导者、协助者，是课堂活动的组织者。教师对课堂的控制有所降低，学生课前进行自主学习，课堂中可以进行多方位多层次的交流，有了更多的学习主动权。从课堂师生的交互行为中，看师生的主体地位表现，首先是以教师为第一交互主体的交互行为与学生是第一交互主体的交互行为的数量差别很大，在实际的教学中，教师对课堂的控制力度还是较强。在课前学习、学生完成知识接收之后，在课堂中并没有表现出很明显的主体地位。在交互类别少的课堂中，学生的主体地位更没有什么表现。在交互种类较多的课堂中，学生主体性表现的机会比其他课堂较多，说明课堂师生交互种类与学生主体性表现有一定的相关性。

师生交互中教师与学生的主体性特点差距较大，从具体的交互行为而言，教师的讲授仍然占着举足轻重的地位，从教师的交互行为中，可以看出教师作为知识的传授者的角色还依然存在，对于课堂的组织、学生学习的引导、辅导、协助的角色还在转变的过程中，还没有呈现出明显的角色转换。学生作为学习的主体，表现出的主动交互的行为还不是很明显。

师生角色的特点不仅可以从第一交互主体的交互行为数量中体现，同时也可以从教师提问和学生提问的量化比较中看出来。教师提问是对学生的及时检测，学生一般都处于被动的地位。学生提问是对知识的疑问，表现出一定的学习主动性，是学习主体性特点的展示。

3. 师生交互交流

师生是以学习为中心构建的人际关系，当学生与教师的关系融洽时，彼此间谈论的话题可能不只是学习可能会涉及生活等。师生间交流话题的数量或是交流的次数可以作为一个判断师生关系情况的依据。同时，翻转课堂要实现学生深层次的学习，满足学生的个性化需求，还需要师生交互层次的深入，范围也要尽量遍布班级各个学生。

4. 师生交互效果

翻转课堂中课堂师生交互行为观察表内容基本确定之后，对交互行为教学行为的有效性进行分析的研究中，影响最大的是人们对教师言语行为的有效性研究，它与教育领域中的学者对教师行为的有效性进行鉴定，得出教师无效性行为分辨表，他们判断行为有效还是无效的方法是过程——结果法。这种方法的具体操作是，先要将教学活动中的教学行为作为自变量，通过与教学效果因变量之间建立联系，能产生好的教学效果的行为就是有效的教学行为。师生交互是围绕需要解决的问题开展的，对问题解决的结果可以在一定程度上反映师生交互的效果。翻转课堂师生交互是以问题为中心，最终目的是将问题解决。

（三）师生交互的内容

师生交互内容主要是从开展翻转课堂的教学内容在课程中的地位、交互内容和交互问题的难易程度、交互内容在教学内容中的地位如何，是否是重难点、交互问题的结构化程度、交互目标的明确程度等方面进行分析。

从教学内容看，教师开展翻转课堂时，对教学内容的选择特点，基本都是选择了课程中的重难点。翻转课堂让学生对教学重难点有了自学、协作学习的体验，分解学习难度，让学生更好地掌握教学内容。对于课例中的大学英语课，教师采用课内翻转的形式，让大一的学生掌握大二的知识，这是对翻转课堂模式的深层次应用，翻转课堂使学生的学习能力得以展现。在翻转课堂模式下，教师要敢于给学生自主的权利，让学生自己控制学习步调，同时也是对学生责任心的培养。

用于翻转课堂的教学内容一般是教学中的重难点，教师对此基本达成共识，除此之外，陈述性内容较多的，也可以作为翻转课堂的教学内容。教学内容是翻转课堂中学生要掌握的全部内容，学生在自学过程中能够掌握一部分，剩下的需要在课堂师生交互中解决，对于交互内容的设计，从课例中可以看出，就交互内容而言，具有一定的结构化特点，交互内容是由浅入深的安排，由基础知识过渡到知识应用的过程。在翻转课堂的应用中，教师的教学设计合理，多数还是知识本身的学习，对知识融入情境的问题解决设计较少。

（四）师生交互的环境

师生交互的硬件环境都是在多媒体教室环境中，教师和学生的信息技术操作能够应对当下的学习。多媒体实验室和多媒体机房可以让学生有动手解决问题的体验，在交互白板的硬件环境中，学生可以直接在白板中将自己的答案进行书写，方便呈现学生完整原始的解题过程。在这三种硬件环境中，师生都与技术有交互，学生的课堂体验较丰富。在平板、机房等几个环境中，学生的课堂检测、练习结果都可以直接上传到多媒体计算机上，教师不仅可以看到学生的结果，而且可以通过学生拍照上传的方式，将学生的解题过程一览无余，对学生解决问题中的步骤或方法问题，可以清晰地看到；对学生的集体问题、个别问题都可以有针对性地解答。同时也可以从结果中挑选能力强的学生在课堂中演示，分享自己的思路。通过平台和交互终端的应用，教师对学生的课堂活动参与人数有量化认知，方便教师对学生的学习状态进行调整。

另外，在师生交互中，小组是课堂中学生的小群体，是学生同伴组合的共同体。在小组合作中，学生处于较平等的心理状态，对问题的看法可能更乐于分享，同时，小组中能力不一的情况下，学生可以收获不同层次、不同角度的观点，对学生思维的发展有一定的作用。在信息技术环境下开展的教学注重学生的个性化发展，但合作意识、合作能力也是需要培养的。课堂中信息技术的应用不能使学生享受更多的思想交流，如何用信息技术促进学生之间的交互对学生的意义更大。

教师对师生交互的作用，主要表现在对师生交互的引导，也就是教师对学生交互行为起的正面影响包含接受情感、鼓励表扬、采纳意见等行为。学生对交互的影响主要是从学生与同伴间的合作、讨论评价等交互行为中体现。学生之间的影响可以激发学生学习的动力，同时提高学生对学习结果的期待。观察结果与小组分类情况基本一致，在小组活动的参与中，学生之间的影响更容易表现，在有分组活动的交互中，学生之间相互影响相互作用明显。学生与座位临近的同伴进行讨论、交流，对学生困惑的重新整理有帮助，在师生交互解决问题活动结束之后，与同桌或邻近座位的同伴再次进行交流，使学生能够顺畅地演绎问题解决的思路。在翻转课堂中的问题解决过程，通过各种方式增进学生之间的交互，使学生彼此分享观点，进行思想的碰撞，发挥学习共同体的作用，将学生的学习主动性进行有效调动。合作学习不仅仅是一种常用的教学方法，而且也是促进学生身心发展，促进人际交流的一种方式。翻转课堂中对师生共同体、学生共同体的利用还不是很明显。

三、基于翻转课堂模式的高校英语师生交互问题

翻转课堂师生交互中，交互准备过程中微视频制作基本满足学生需求，教师可以做到对学生自主学习的监控。同时，通过课堂检测对学生自学结果的过程进行了解，有交互平台支持的师生交互，教师对学生的自学结果了解得更全面。在交互行为中，翻转课堂师生交互种类较多，教师对师班交互和师个交互尤其重视。在交互过程中，师生角色、地位都在发生改变。翻转课堂基本都是在多媒体环境下开展的，也会有电子白板、平板等设备的应用。从交互效果来看，教师能够提出启发性问题，同时能够有针对性地讲解问题。在交互活动中，学生能够获得启发，想到问题解决的思路。翻转课堂师生交互的研究中，发现师生交互还存在一些需要改进的地方。

第一，在微视频中教师讲授的逻辑性不足，缺乏引发学生思考的设计。微视频是促进学生对知识理解的工具，也是对学生自主学习的引导，同时也是满足学生个性化学习需求的方式。微视频中教师讲授的逻辑性对学生进行知识的归纳、问题的解决都有一定程度的影响。一讲到底的微视频不利于学生对知识进行思考，形成自己的认知结构，也不利于学生对知识应用方法的掌握。微视频中的不足对学生的自学效果产生一定的影响，不利于课堂师生交互的开展，对知识的内化过程也有负面影响。

第二，课堂交互内容与学生自主学习结果之间的联系不够紧密。在翻转课堂的实施中，课前与课中有不可分割的联系，课堂师生交互内容具有一定的结构性特点，但与课前学生的学习结果联系不大，体现在课堂中的交互内容与学生问题之间联系不够紧密。学生认为教师开展的交互活动不具有针对性，在课堂中容易产生消极情绪。对学生自学的结果，教师一般利用课前检测的方式来了解，这是一种常用的方式，简单容易实现，但学生学习的过程在检测中没有反应，同时检测结果只是学习结果的部分展示，并不能完全反映学生是否真正实现了自主学习。

第三，课堂师生交互中，教师对课堂的控制较强，学生的主体地位表现不明显。翻转课堂给了学生自主学习的机会，让学生通过自己的认知结构对知识进行理解，课堂上，通过师生交互将不能理解或不能解决的问题进行逐一解决。从理论上说，在课堂中，学生应该有较多的交互行为，如分享、表达或提问。教师作为课堂活动的组织者、学生学习的促进者，为学生提供帮助，但在实际课堂中，教师依然有较多的讲授行为，对学生学习的引

导较少，学生主动表达、分享或提问的行为也极少。

第四，课堂师生交互中，学生之间的交互不足。以学生为主体的翻转课堂中，学生的活动或交互行为应该以多样化形式或内容进行展开，但在实际课堂中以教师为第一交互主体的行为占较大比重，而以学生为第一交互主体的师生交互较少，以师生、学生构成的共同体的利用在一定程度上也能够促进师生进行深层次的交互，在交互的过程中，学生将教学难点逐步消化，但在翻转课堂中学习共同体的构建很少见。

第五，交互工具使用不足。信息技术对教学的促进，体现在对教学信息的呈现与分析中，翻转课堂师生交互中，硬件环境是促进交互的一种手段。在交互平台、交互终端的使用中，教师能够对学生的学习过程进行全方位的监控，对学生学习过程中的问题也能较全面地了解，为课堂师生交互提供了数据支持，方便教师对学生进行有针对性的回应。在交互平台和交互终端的应用下，学生可以随时看到自己和同伴的学习结果，从而激发学生学习的主动性，也能够促进学生之间形成竞争的关系。在常态化的翻转课堂实施中，交互平台的使用还不是很普遍，交互终端的使用更是不足。

四、基于翻转课堂模式的高校英语师生交互模块

翻转课堂中良好的师生交互是发生在不同学生群体中，围绕着明确的活动任务或内容进行，展示出多样的交互形式。在交互过程中，教师的组织以及评价反馈是不可或缺的行为，学生主要表现出展示、表达与同伴分享的行为。针对翻转课堂最常用的应用方式即课前自主学习，课堂解决问题，建立翻转课堂师生交互模型，促进翻转课堂师生良好交互的实现。

课前师生主要围绕微视频和任务单进行交互。从交互内容而言，课前师生间的交互内容主要是微视频以及任务单。微视频和任务由教师进行制作，分发给学生，学生与其交互，对知识进行吸收。从交互主体来说，在课前交互主体不仅有教师、学生，还有教师和学生构建的共同体即师生共同体、生生共同体。在共同体内部可以发生各种交互。从交互行为来说，教师主要是引导、评价。学生可以有分享、交流和评价等交互行为。从交互环境来说，课前师生交互需要交互平台的支持。交互平台为学生自主学习、教师展示教学资源提供了空间，同时平台中包含有对学生自主学习过程的记录如观看时间、观看次数、暂停次数，暂停时间等。教师可以在平台上对学生学习过程或学习结果进行评价，这样的评价是及时的、有针对性的。学生也可以看到同伴的结果，可以对同伴的提问或结果进行回复，实现同伴之间的互评。在课前师生交互模型中，起关键作用的是交互平台的应用，交

互平台通过以下模块的建立来促进师生更好的交互。

（一）可视化监控模块

为了保证学生课前的自主学习活动的进展的效果，提高课堂交互质量，有必要对学生的自学过程进行可视化监控。通过对学生学习活动有组织、有计划的监控操作，及时反馈学生的学习行为，评价学习结果。这是对学生学习活动制订的激励机制，在教师合理有效的关注中，逐步提高学生的自主学习能力，并培养自主学习习惯。具体的监控措施是设置跟踪学生的访问次数、时间、持续访问时间等的模块。在监控数据中，及时了解学生学习的情况，在学生完成视频学习之后，要对其学习中的困难、学习心得体会以自己独特的表达方式传递给教师。教师的监控不是生硬的，不是只对结果的评价，而是对学生的学习进行全方位的评价，让学生感知教师的用心关注。在学习的交互中，保持感情交流，给学生以愉悦的学习情绪享受。

（二）交互评价与讨论模块

学生完成微视频的学习之后，对任务单内容的解答，要上传至平台。在平台上，教师与学生形成评价与讨论的关系，学生在自己理解的基础上，可以对其他同学的作业进行评价，并有充分的理由。教师对学生的作业本身要进行评价，对于互评的行为也要进行评价，在这个过程中，师生之间、学生之间又一次进行了交互，这一阶段的交互，相比学生与微视频的交互又会深刻一些。在互评的过程中，学生对其他学生的学习结果有所了解，同时也能够提高自己的学习水平。在交互平台上，教师可以进行有针对性的、个性化的评价，也可以通过及时有效的评价，激发学生学习的主动性。教师在评价的过程中还可以了解到能够快速观看微视频的学生比率，在微视频中停留较长时间的学生比率，判断微视频制作的有效性。教师对学生作业以及学生互评过程进行评价之后，可以进行总结形成问题系列，作为课堂交互的基础内容。在讨论模块，学生可以随时提出自己的疑问，解答同伴的疑问，教师也可以观看到讨论的问题，在学生的交流中提出指导性意见，让学生实现真正的自主学习。

（三）作品展示模块

在翻转课堂实施的课前阶段，教师将学生自主学习的微视频以及任务单上传至平台，学生可以随时进行观看，实现自主化学习。在解决任务单中的问题中，学生可以将自己的答案展示在平台上，同时也可以将具体的解决过程拍成照片上传至平台，一方面可以较全面地分享自己的想法；另一方面可以让同伴或教师进行有针对性的评价。在活动课或实践课中，也可以将自己制作的成品以照片的形式上传，通过作品展示，师生之间可以有更多的交互，同时也是更具体更有针对性的交互。通过作品形成的师生交互，让师生对彼此有更全面的了解，教师能够通过多种方式满足学生的个性化需求，促进学生的个性发展。在学生练习中，教师可以将所有问题都制作成短小的视频，在学生不能解决问题的情况下，可以自主观看视频，对问题进行理解并重新完成。交互平台中的作品展示是师生双方的分享，通过分享，实现师生间更多的交互。

课前交互是一个完整的过程，教师制作微视频，学生接收资源，对资源进行自我吸收，接着通过任务单中问题的解决检测自我学习结果，学习结果又反馈给教师。这一过程是师生间小范围的交互，在实际教学中，容易忽略师生的对接。在课前的交互准备中也是一个小循环，这个过程中教师要对学生的学习有明确的安排，对学生要有及时的督促，同时可以利用同伴的作用，给学生提供榜样，在对学习结果回收的过程中，教师要能够将主要问题列举出来，对个别问题也要重视，学生从教师的言行中可以感受到教师对自己的态度，从而引发对科目即教师的情感。学生自主学习动机的激发是伴随着课前的各个环节，教师要提供给学生合作竞争的环境，在安全的心理环境中，适当给予督促、评价，以便学生能够养成自主学习的习惯。课前师生的准备越充分，对课堂中的交互越有利。

在课堂交互中，教师先对学生进行检测，学生将检测结果上传，教师在投影中一一呈现，学生不仅可以看到自己的成果，同时对同伴的也可以及时观看到。教师通过逐一浏览，从中找出有特点或有代表性的进行点评，形成教师与学生个体、集体的交互。对学生集体的困惑，教师将进行有针对性的讲解，发挥讲授的作用。学生在教师的讲解中，获得解决问题的思路或方法，促进思维的发展。教师展示结构化的问题，学生逐一解决，课堂交互有层次有条理地进行，学生保持着学习的专注力，运用课前学习的结果解决一个个问题，获得自信心，教师在交互中发挥着指导、组织的作用，让学生成为课堂的主人，在课堂中找到自我的存在感和成就感。连环式的交互行为之后，师生进行交互内容的总结，让学生整理知识、方法，在师生融洽的交流中获得愉悦的学习体验。在问题的解决中、知识的掌握中，培养良好的学习态度和学习习惯。

翻转课堂教学模式下的课堂师生交互主要集中在三个教学环节，即：任务单中的问题解决、课堂检测（基础知识理解）、应用型问题解决。任务单中的问题，整体上是较浅层次，目的是激发学生的学习兴趣，让学生获得学习的信心。在任务单中设计一两个有难度的问题（难度适宜）使学生能够进行深入思考。对于难题，学生可以在课下与教师或同伴交流，也可以留在课堂中进行解决。教师做好了充分的准备，即对学生在完成任务单时产生的困惑有所了解。在课堂上教师与学生共同将其解决，在课堂开始阶段就给学生一定的吸引，带着解决自己的疑问的心理状态，很容易跟进课堂活动的步调。在对课堂检测是教师与学生集体间的交互，教师对学生进行简单提问或是给出具体的需要全面思考的问题，学生做出回应，教师依据回应的情况了解学生整体的自主学习。这两个环节是通过问题的解决将教学内容进行回忆、巩固。这是解决教学内容是什么的问题，接着要对怎样用知识，或者为什么是这个知识进行学习。

在学生基本掌握教学内容的情况下，教师设计一些能力提升的问题，这是训练学生思维的过程，当学生已经获得了知识点之后，给他们提供应用的机会。教师在这个过程中最主要的任务就是观察、引导、鼓励，让学生充分发挥自己的能力，用自己的方法去解决问题。问题解决的最终结果不能放置过高的位置，让学生敢于思考、敢于表达才是重要的。在整个交互过程中，教师对学生的辅导要建立在学生自我解决或与共同体讨论基础之上。

在课堂交互中，教学活动形式多样，形成不同类别的师生交互。在检测阶段，教师与班集体进行交互解决共性问题，学生个体与班集体交互解决个别问题。在应用型问题的解决过程中，分小组讨论，在学生与共同体的交互中，获得问题解决的思路或是问题的最终解答，学生个体与班集体交流将问题解决过程呈现，学生个体与个体之间交互将学生个体疑问解决。课堂活动的设计从易到难，活动的参与者也从学生个体、学生小组到班集体都有存在。学生共同体是以学生及其同伴构成的学习群体，他们有着共同的目标，将问题解决。共同体成员有着自己的认知特点、表达特点。学生与共同体的交互，是一种较平等的交互，具备类似的心理、生理、认知发展水平，在理解与交流的过程中，更容易让彼此实现同化或顺应。共同体是学生同伴的集合，在自尊心以及好胜心的支配下，会自然形成一种向上的力量，小范围的共同体带动整个班级的运动，形成良好的交互情形。

师生共同体是教师作为学生学习的伙伴共同解决问题。在师生共同体中，教师成为学生的学习同伴，在问题解决中同样与学生共同提出看法、分享意见，这时的教师对学生而言是学习的促进者。通过学习共同体的交流同伴之间协作完成任务，指定代表展示共同体的学习成果，这是给个体与班级交互提供机会。在学生个体表达完之后，班集体中的成员可以对学生个体进行评价或提问，这是一种促进学生同伴之间提问的方式，站在较平等的地位，学生更容易有勇气表达，或有信心独立思考。

在课堂交互的过程中，交互内容的三个层次彼此之间有联系同时又是一种递进的关系，三种交互主体，彼此有交叉，可以形成形式多样的交互。三层次三交叉主体所形成的交互不仅能够让学生获得知识享受、思维享受，良好人际关系享受，同时也让课堂更有活力、气氛更融洽。

五、基于翻转课堂模式的高校英语师生交互策略

从翻转课堂师生交互的现状中，发现师生交互还存在一些问题，针对这些问题，提出切实可行的师生交互策略，促使翻转课堂中师生交互更好地开展，同时也能将翻转课堂更好地实施。

（一）师生交互准备的策略

交互准备包含教师准备、学生准备和交互环境准备。教师需要有提供给学生自主学习的资源准备、对学生学习的监控以及学习结果的汇总。学生需要对微视频进行深入学习，完成相应的任务单，同时准备好自己的疑问。为保证师生做好交互的准备，提出以下方面的实践方法：

1. 微视频的关口设计

在学生自主学习的过程中，教师和学生之间是一种异步交互，学生对微课中教师的言行会有不同的反应，表现在对微课内容的理解程度。在这个交互过程中教师在微课中需要设计一些明确的给予学生思考的说明或提示。这个过程主要是学生对教学内容的接受、吸收。但对学生而言，也是一个主动建构的过程，是将学生原来的认知与新知识之间建立联系完成同化或顺应的过程。教师适当的语速对学生而言，就是一种引导，但除此之外，在微课中设置恰当的关口，给学生回忆或总结讲述过的知识，在此基础上试图去解决问题。

首先，关口是一种调节学生在与教师进行异步交互时所形成的单一的学习状态，它在学生自学的过程中营造了一种氛围，让学生感受到自主学习的过程并不是完全一个人孤立地看微课，这种氛围对于学生学习的情绪是一种调剂，消减乏味或懈怠的感受。

其次，关口促使学生对讲解过的知识做短暂的回顾，也是让学生进行一个自测体验。闯关的结果对学生接下来听课的状态会产生影响。微视频中交互的设计也是对学生自主学习过程中的一种指导，利用停顿来提高学生学习状态，在停顿中，使学生对学习过程进行反思，同时也可以通过停顿之后的评价促使学生保持学习的动力。因此。关口的难度设计要适中，这样给学生足够的信心进行接下来的听课。这是一种类似游戏化教学的设计，目的是对学生情绪和学习状态的改善。

最后，微课中关口的设计是将学生学习、检测活动形成一种范式，这样在看过微课之后，很容易衔接任务单中的检测环节。学生养成吸收、检测、反馈等习惯促进对课程整体知识的掌握以及自我学习的了解。在关口的时间点设计上，需要教师利用自己的教学经验以及对学生情况的了解基础之上确定。设计关口的形式可以是多种多样的。例如，一个结合实际生活的疑问，或是一个习题式的问题等。除此之外，也要注意微课虽然具有短小精悍的特点，但在讲述的过程中依然要注意有逻辑的要求，这对学生的归纳总结有一定的帮助。微视频资源不仅仅是提供学生学习的材料，同时也是一种对学生学习引导的资源，在交互环节的设计中，学生可以对知识进行归纳，并利用知识进行问题的解决，在这个过程中，调动思维积极活动，促进学生进行独立思考，对学生的批判性思维发展也有一定的帮助。微视频中交互的设计让学生在学习的过程中，保持集中注意力，给学生一种与教师非面对面交流的体验。

2. 课前自学方法指导

翻转课堂教学模式实施的首要阶段是让学生进行自主学习。在翻转课堂中，学生利用教师制作的微视频进行自主学习，在学习的过程中通过配套任务单中的问题解决进行及时检测。从这个过程而言，学生的自主学习目标明确，学习内容明确，但学习方法很少提及。学生长期处于被动的学习状态，对于自学可能还存在一定的疑惑，教师有必要对学生进行自学方法培训，同时也可以在微视频中给以提示。在对学生进行自主学习培训的过程中，要对学生的认知策略和元认知策略有清晰的了解，可以通过平时学生分享自己的观点或问题解决思路的手段进行分析。帮助学生认识自己常用的学习策略，对学习策略中的不足进行个性化的指导。在这个过程，主要是让学生意识到自己的自学准备、自我识别、自我选择和自我反思过程与方法。

在微视频资源的学习中，学生对自己学习的心理准备、对视频内容的选择性观看、选择性理解以及观看之后的反思等，都要有意识地去实践。学习微视频的过程是一个需要耗费精力，利用专注力去实现的阶段，学生在了解了自己的学习过程和方法之后，针对自己学习中常犯的错误进行有针对性的强化，促进良好学习习惯的养成，这样才能真正实现自主学习。在微视频和任务单的使用中，依据不同的学生的情况，可以采用不同的应用方式，对能力较强的学生而言，可以让其先对任务单进行阅览，从任务单中反映出的教学目标能够进一步促进学生带着问题进行学习。这样的学习更容易实现教学目标。对于自信心不强或能力一般的学生而言，先看微视频再做任务单会更好。教师对微视频可以有更多的应用方式，在不同的应用中，都要给学生一定的方法指导。

微视频只是一个学习工具，如何能让学生通过工具获得知识，才是最重要的。教师要对学生的自主学习过程进行方法、策略上的引导，让学生知道面对微视频这些学习资源，该以怎样的状态去使用，同时对于微视频的功能也要进行多方位的解读，如可以进行新课预习也可以在复习阶段进行回顾，在解决问题的过程中有不理解的知识点也可以再次进行观看。除了对自学过程的引导之外，对自学结果也要有指导，学生在完成自学之后，不仅对自己的疑问、困惑有总结，同时对自己在学习过程中的体会也要有总结，这样才能够不断提升自主学习能力。教师要充分利用自主学习策略对学生进行学习指导，让学生在学习策略的使用中更好地实现教学目标，同时也促使学生养成更好的自主学习习惯。

3. 学生自主学习监控

自主学习监控是指教师对学生的自主学习过程的监督。在监控的过程中，教师不仅可以对学生的学习过程有清晰的认识，同时也会让学生保持一种积极的状态。在翻转课堂的教学过程中，学生可以进行自主学习，这是学生进行独立学习的阶段，教师对学生的自学进行监控，能够对学生的学习过程进行评价，而不是只对结果进行评价。教师对学生自主学习过程的有效监控，是课堂教学设计的基础。翻转课堂模式下的课堂是师生共同解决问题的过程，在这个过程中问题的设计是关键，既要对学生的学习有促进作用，同时也要以教学内容和教学目标为前提。教师对学生自学过程的监督，可以发现学生学习中的困惑或者学习中存在的问题，这些都可以作为课堂交互内容的一部分。课堂活动是促进学生发展的设计，在已有问题的基础上，利用最近发展区，再设计有助于能力提升的内容，构成课堂师生交互的问题。

教师对学生的评价来源于对过程的分析，对学生而言，教师的监控能够促使其保持认真的态度。翻转课堂教学模式实施的两个阶段之间关联度很大，课前是课堂教学的准备，课堂教学又是课前学习的提升，两者之间的联系，在实现手段上，主要是教师对学生学习过程的监控。利用监控促使学生能够按时完成教学任务，能够帮助教师实现学生信息的收集。这些都是课堂师生良好交互的前提，因此在翻转课堂的实施中，教师有必要对学生的学习过程进行监控。

（二）教学活动多样性策略

1. 设计多样性的交互问题

翻转课堂教学模式下的课堂是师生交互共同解决问题的过程。设计多样性的交互问题，促进师生多角度多层次交互，帮助学生对知识多方面的理解，最终实现知识的内化。

交互问题来源于学生自主学习过程中存在的疑惑，是学生在对知识的认识方面有待解决、解释或者处理的疑难、困惑或矛盾。在课堂交互中，学生是带着已经发现的问题与同伴或教师进行交互，这些已经存在的问题，是师生交互之前，教师做以汇总的交互内容。这是课堂交互问题的一个部分。

除此之外，教师要对师生交互的延续预设一定的问题，这些问题在设计的过程中需要对以下方面进行注意：首先，课堂师生交互的问题是以课堂教学内容为中心的，从逻辑上看，交互问题可以有主题问题、前导问题、衍生问题、核心问题、关键问题辅助性问题以及附属性问题。课堂中一般有一个或两个主题问题，它是能够概括教学内容的问题。前导问题是在主题问题之前，对学生起到激发、注意等作用的问题。核心问题和关键问题是对教学重难点的反应，补助性问题指用来检测或练习的题目。与传统课堂相比，翻转课堂模式下的课堂更注重问题的设计。教师在教学设计的过程中要对教学内容进行深层次分析，对课堂师生交互的问题进行系统制定。从激发学生兴趣、内化知识、应用知识等几个层次设计交互问题。在问题编排或提出顺序中，教师也要依据学生的思维发展特点以及课堂中的表现，有次序地展开问题解决。其次，交互问题的提出形式也要有所考虑，如采用直接提问还是给出一定的情境引出问题或者在与学生的交互中引出问题，这要依据具体的教学情境而定。

2. 应用多种教学交互形式

翻转课堂教学模式下的课堂是师生共同解决问题的过程。针对不同的问题，采用不同的教学形式。这样既能合理分配时间，又能高效地解决问题。在不同教学形式中，学生的参与度不同，师生可以开展全方位的交互。在学生自主学习的过程中，涉及的问题一般都是基础之类的问题，在多数学生都有疑问的情况下，教师采用集体教学的形式，统一解答，在有限的时间内，解决共性问题。对于个性化问题即对知识理解有代表性的问题或是能够促进学生进一步深入理解知识的问题，教师可以采用小组参与式教学，发挥学生的主观能动性，为问题的解决提供线索或思路。这种方式既可以让学生有独立思考的时间，同时对有想法的学生可以与教师或其他同伴进行交流，这种教学形式能够带动学生个体或群体参与课堂活动。对于极个别学生的问题，教师可以采用小组互助或个别辅导的教学形式，让每个学生都不留疑问。在课堂交互中，教师可以利用学生特点开展各种形式的教学活动，如演讲、展示、演示、实验等，为不同的学生搭建不同形式的分享平台。在翻转课堂教学中依据学生的特点以及交互问题的难易程度或结构化特点采用不同的教学形式。合理的多样化的教学形式能够带动学生的各种感官，让学生对学习充满热情，不同的教学形式也能促进学生不同形式的展示、表达，促进不同学生群体参与交互。多种交互问题多种教学形式下，教师注重对学生进行引导，激发学生对问题的思考，同时也促进与同伴或教师的交互。

3. 构建英语的学习共同体

在翻转课堂师生交互的过程中，师生通过组建学习共同体，在共同体内部可以发生更多的交互，师生也可以与学习共同体进行交互，这样可以实现更丰富的师生交互。从学习共同体的形成与发展来看，主要有以下特点：有共同的目标，能够相互认同，交流协商，处于民主的心理氛围中。在课堂教学情境中组建学习共同体，共同体中的每个成员都有共同的学习目标，在一种认同积极的心理状态下参与课堂活动。

在翻转课堂教学中，通过教学任务的分配，将学生群体按照个性特征以及学习特质等方面的异同组建各个学习共同体。在学习目标一致的前提下，给学生自由交流的时间，在多次交流下，彼此之间形成一种主动合作学习的关系。学习共同体是由学习者和助学者构成的，在共同体建构的过程中，合理分配学习任务，明确学习职责，助学者不能越权，独立承担学习任务。学习共同体的构建需要教师对学生的特点有全面的了解，同时对课堂任务有明确的分配。在翻转课堂实施的过程中，教师、学生组成的学习共同体或者学生—学生组成的共同体在课前自主学习的过程中进行交互，促进知识的理解。在课堂中，不同学习共同体之间进行交流，促进观点、想法、思路的碰撞。

在教师与学生组成的共同体中，教师只是助学者，与学生有同样的目标要实现，对学生起辅助性的作用，不能全权负责学生的学习。构建学习共同体使学生在课前自主学习的过程中有同伴的协助，在独立学习之后，可以与同伴进行交互，在交互的过程中解决问题或发现新的问题。在课堂中，不同学习共同体之间可以交互，对彼此的困惑进行解答或者交流产生新的疑问。在这个时候，教师的作用才得以体现，为多数学生不能解决的问题进行方法或思路的引导，促进学生对知识的理解和应用。

（三）以学定教的交互策略

以学定教是翻转课堂教学模式表现出的一个特点，同时它也是促进师生交互的手段。以学定教策略是指在教学的过程中以学生的学情和发展特点为前提，制定教学内容，组织教学活动。以学定教有两种表现形式即先学后教和以教导学，其中，先学后教是翻转课堂教学模式的本质体现。在以学定教策略的实施中，关键是要对学生的学进行全面定位。学生的学包含学生的学习状态、学习方法、学习过程以及学习结果等内容。教师对每个维度都要有所了解才能对课堂教学的内容和活动进行设计。在翻转课堂教学中，教师要对学生的学进行全面及时的关注，以学生的学习情况开展教学活动，这样，学生才能有表达或表现的可能。

教师的教用来引导学生进一步地学，在先学后教，以教导学的过程中，让学生发挥学习的动力和热情，成为学习的主体，进行学习活动的实践。教师对自己教学的评价也要依据学生的学进行，依据学生学习的需要进行教学活动和教学形式的选择。在先学后教，以教导学以学评教的过程中，学生的行为表现、个性特点得到体现，教师和学生之间的交互也更具体更有针对性。在以学定教的策略实施中，教师负责学生掌握学生的学习情况，进而做出引导性行为，学生在教师的引导中，不断地做出回应，形成师生间良好的交互。

以学定教策略的实施中，教师要有学生意识，善于从学生的反应中获取信息。教师要善于引导，在课堂中多使用积极的情感感染学生，让学生主动参与课堂交互。在翻转课堂教学模式的实施中，课前阶段学生进行自主学习，为教师提供了了解学生学习的机会，通过课前交互得知学生的学习情况，对课堂教学就要进行有针对性的设计。课堂中的教建立在学生学习的基础之上，在解决学生问题的过程中，逐步提高能力层次。对课堂交互活动的设计要有各种预设，通过学生的反应，及时调整教学，时刻与学生的步调一致，尽可能地让学生在最近发展区中得到发展。教师对交互问题的设计和提出，也要建立在学生学习结果的基础之上，交互问题的难易程度与学生的水平保持平衡，在学生学的过程中，进行及时有效的评价，不仅从认知层面，对心理层面也要进行评价，这样的评价才能够让学生接受，并做出回应。

（四）交互环境信息化策略

1. 利用交互终端

在课堂中，引入交互终端，教师可以实现传统课堂师生交互中出现的瓶颈，即学生随堂检测结果的量化呈现。教师对学生进行检测，传统课堂中，教师只能通过在学生中走动对学生结果进行大致了解。而在有交互终端的情况下，学生可以直接将结果上传，在课堂中的白板中就可以显示出来，教师从学生解决问题的数据结果中，教师不仅可以看到答对答错的学生人数，还可以知道具体到某个学生的答题情况。在这种情况下，教师就可以进行有针对性的讲解，对集中的问题，采用集体讲解，对个别问题采用个别辅导。教师也可以让答对的学生进行分享，让学生感受到多种解题思路，而不是像传统课堂那样，只有教师在讲，这对学生思维的发展有一定的帮助。交互终端中也可以包含题库，在课堂交互中，教师与个别学生交流时，其他学生可以依据自己的学习情况进行深层次的练习。

在课堂师生交互中，教师不能对每一位学生都进行评价，但在交互终端的支持下，利用交互终端中的设计，对每一位学生都可以进行及时的评价，这种及时评价对学生的学习情绪起到一定的引导作用。在交互终端中，可以设计作业提交模块，让每一位学生都可以看到其他人的结果，这样让学生在教师快速浏览的过程中进行自我选择，观看其他人的作品进行学习。交互终端中可以存放文本、视频等资源，学生作品可以以不同的形式上传。

在课堂交互中，交互白板也是一种有效的工具，它通过内容的呈现，促进师生间交互。在学生需要面对班集体进行观点分享或是思路展示的情况下，就可以利用交互白板，学生进行过程的书写，教师和其他学生可以看到完整的解题思路，同时教师可以把这个生成新的内容，传给学生，进行消化吸收，也可以用在其他班级中，这是一种资源生成的方式，具有真实性，也是对学生学习的支持和鼓励。

2. 建构交互平台

翻转课堂模式下课堂师生的交互与课前学生的自主学习相关，在交互平台的支持下，教师可以对学生的自主学习进行监控，促进学生课前任务的完成。交互平台的建构包括多个模块：资源中心、学习中心和考核中心。用于翻转课堂教学的微视频任务单或教学内容相关资源都放置在资源中心，学生可以在登录之后，随时进行观看、学习。学生认为重要的资源可以进行收藏，便于随时查看。考核中心有主题性练习或考试试卷等资源。学生在观看过视频之后，可以进行及时检测或练习巩固在练习习题中，配有微课讲解，学生在自测之后不能解决的问题可以与其他同伴讨论也可以直接观看讲解，然后重新进行解答。对有代表性的练习，学生也可以进行收藏，方便直接回顾复习。在练习模块中，教师和学生可以进行提问、回复和评价。

在学习中心，有讨论区，学生可以边看视频边进行交流，对过多的学习之外的讨论，教师需要监督，进行提醒。交互平台通过以上几个模块，引导并记录学生自主学习。交互平台中还可以有跟踪机制，对学生的学习过程进行记录，如学习总时间，学习次数、学习暂停次数等，对学习结果在班级中的排名也有记录，对每次学习的进步或倒退也有提醒，便于学生随时了解自己的位置。在交互平台中有一些交互机制，如任务引导机制、协作机制、积分机制、学习评比机制、考核机制等，对学生学习进行引导和激励。对学生经常看的微视频或经常出错的题目，平台也会有记录，并向学生推送出类似的内容或练习，促进学生进一步掌握知识。

交互平台的构建和使用，让教师减少了重复性的工作，同时又实现了教师无法完成的工作。对翻转课堂师生的交互提供了课前准备数据，让教师能够真正做到以学定教，从而实现课堂中深层次的交互。交互平台不仅对翻转课堂的课前阶段提供支持，同时对学生课后的复习巩固也起到重要的作用。在交互平台的作用下，师生在课前就可以实现交互，教师也可以对学生间的交互进行观察和评价。师生间的交互促进学生更好地实现知识的传授。在课堂中，教师不仅可以针对学生的学习结果还可以针对学生的学习过程进行交互问题的设计，对学生实现知识内化提供了全面的支持。

第四节　翻转课堂教学模式在英语课程中的创新

在以往的传统教学模式当中，基本上都是由教师在课堂教学的过程中向学生进行知识点的讲解，学生们在课堂教学的过程完成后，通过教师布置的练习题，对知识进行巩固，而翻转课堂的教学模式的出现，对传统教学模式提出了挑战。"在教学过程当中，教师可以提前通过教学视频、线上课件等形式，让学生提前学习本堂课所涉及的知识点，学生们再将学习过程中的一些问题，带到课堂上，与同学和教师进行适当的沟通与交流，以此来妥善的解决这些问题。"① 现如今，我国高校英语教学中对于翻转课堂教学模式的应用，还在不断探索革新中，所以，在高校阶段的英语教学中，适当的加强翻转课堂的应用，是十分重要的。

一、做好高校英语的课前设计

在进行高校阶段的英语教学的过程当中，教师可以试着将翻转课堂这种教育教学的模式，应用到自己日常的教学过程中，既能够更加有效地节省课堂教学的时间，还可以在一定程度上提高学生进行自主学习的能力，从而让高校阶段英语课堂教学的整体效率得到一定的提升。在英语学科的课堂教学中应用翻转课堂，能够让教师适时的教学形式，逐渐地由单向的知识上的传递过程，变成学生自主进行学习，并对知识进行内化的过程，在这样的情况下，学生在进行自主学习，以及探究的过程中，就能够适当地减少自己课堂中浪费时间的不良情况，从而促使高校阶段英语课堂教学的整体效果得到有效的提升。

例如，教师在对某一篇文章进行讲解的时候，英语教师可以先试着去带领学生对文章

---

① 王雅. 在高校英语教学中如何应用翻转课堂教学模式 [J]. 作家天地，2021（24）：67.

的内容进行详细的分析，然后，再对文章中一些理解起来比较费力的知识点进行分析。教师在课前备课的时候，需要根据学生们的实际情况，以及教学需要。提前制作出科学合理的 PPT 课件，以及课程教学视频等。在进行课堂教学的过程中，教师就可以利用 PPT，或教学视频，来对文章中的一些知识点进行讲解，在教师已经详细的讲解完成之后，可以让学生们自主多文章中的重点与难点进行总结，以及归纳，在这样的情况下，学生就可以在较短的时间之内掌握该文章知识点当中的难点和重点，与此同时，也可以更加有效的帮助学生，促使其可以对这一方面的知识进行更好的理解。在实施翻转课堂教学模式的过程当中，教师不用占据大量的教学时间，去对学生们文章翻译的具体情况进行检查，这些节省下来的课堂时间，教师们可以用来解决学生们提出的相关问题，这对于高校英语课堂教学整体效率的提升，是十分有益的。

二、调整英语教育教学的观念

在高校阶段的英语教学当中，依旧有大部分教师受到传统教育模式的影响，在以往的传统教学模式中，课堂中的大部分时间，都是将教师放在了课堂教学的主导地位上，而在此过程当中，学生就只是处于一种被动的地位，就只是单纯的接受教师传授的知识，长此以往，势必会导致学生出现不良的情绪。而在高校英语教学中，适当的实施翻转课堂的教学模式，学生们就可以不受到时间，以及空间所带来的限制，使其可以自主安排自己的学习时间，以及学习进度，从而增强学生们进行自主学习的意识。与此同时，教师也可以通过互联网技术，与学生进行线上的交流，并通过此途径及时了解到学生们的学习状况，并在这个平台上对学生们的疑问进行解答，从而帮助学生，巩固在课堂上学习到的知识，并不断的加以完善，从而建设出自身比较完整的知识结构。

三、积极进行师生间的互动交流

教师在进行课堂教学之前，务必要对学生们在学习当中的状态，以及学生对于知识掌握的程度，有一个基本的了解，只有这样才可以对学生们比较薄弱的地方，进行适当的辅导。在高校阶段的英语课堂教学当中，教师一定要将学生们的个性需求，以及学生们的学习基础，为根本依据，来设计出更加适合学生们的教学内容，并在此基础之上，对教育教学的方案进行逐步完善，不仅可以有效地帮助学生对文章中的重难点知识进行理解，还可以促进英语教学的有效实施。在教师已经讲解完课程的具体内容之后，可以适当地组织学生，进行一些与之相关的话题讨论，并要求学生，在进行讨论的过程当中，尽量使用英语进行对话，以此来达到让学生们熟练课文，以及单词的根本目的。

四、建立合适的英语考核方式

在翻转课堂的教学模式中，着重强调了学生在课余时间的学习，以及对于知识的巩固，都是发生在课堂学习的过程中的，所以，为了对学生们学习的具体情况进行考核，就一定要建立起一个合适的考核方式。教师们在通过视频进行教学的时候，可以将学生们分成若干个小组，给每个小组分配不同的任务，让每组将自己在课堂学习过程中遇到的问题总结出来，并在全班范围内进行展示，这样的考核方式，可以让学生们对于英语的学习兴趣得到有效的提升，既有效地防止了学生们在学习过程中产生懈怠的不良情绪，也在一定程度上提升了学生们的学习质量。

综上所述，随着新课改的不断推进，我国各个高校在教学方法的层面上，也应"与时俱进"在此过程中进行一定的改革与创新。在高校阶段的英语教学中，可以适当的应用翻转课堂这种教学模式，它与以往的传统教学模式存在一定的差异性，相比之下，它对于教学结构优化的整个过程是更加重视的，在英语教学中应用翻转课堂模式，不仅为现代化英语学科的教学改革，提供了较为良好的教学环境。同时，还可以让学生们对于英语的学习兴趣得到有效的激发，在极大的程度上，提升了高校英语教学的整体质量。

参考文献

［1］ 蔡基刚. 高校英语教学范式新转移：从语言技能训练到科研能力培养［J］. 外语研究，2019，36（3）：55-60.

［2］ 陈晓丽. 高校英语慕课与翻转课堂教学模式研究［M］. 成都：电子科技大学出版社，2017.

［3］ 陈雪英. 高校英语教师学科教学知识的叙事建构［J］. 东疆学刊，2013，30（1）：105-110.

［4］ 符雪喜. 基于"课内+移动学习"模式的高校英语教学研究［J］. 广西师范大学学报（哲学社会科学版），2016，52（4）：140-144.

［5］ 高明乐. 英语教学理论与实践［M］. 北京：北京语言大学出版社，2013.

［6］ 韩春晖. 高校综合英语多模态教学模式的构建［J］. 英语广场，2018，（03）：85.

［7］ 李晓丽. 以就业为导向的高校英语教学模式创新研究［J］. 内蒙古师范大学学报（教育科学版），2015，28（5）：150-151.

［8］ 李新慧. 高校英语教师教学反思研究与分析［J］. 吉首大学学报（社会科学版），2015（z1）：211-213.

［9］ 梁文. 微课环境在大学英语教学中的应用与思考［J］. 黑龙江高教研究，2016（2）：162-164.

［10］ 梁玉红. 高校英语翻译教学翻转课堂教学模式面临的问题与对策研究［J］. 福建茶叶，2020，42（1）：112-113.

［11］ 刘冲，刘岩，张文静. 高校"双师型"英语教师队伍建设的探讨［J］. 大庆社会科学，2014（2）：140.

［12］ 刘欢. 基于微课的翻转课堂英语教学模式研究［J］. 福建茶叶，2020，42（1）：155-156.

［13］ 刘慧. 英语微课教学模式下大学生自主学习能力发展的实证研究［J］. 黑龙江教师

发展学院学报，2020，39（6）：136.

[14] 鲁铃，周奕含. 多模态教学模式在高校英语教学中的创新应用 [J]. 作家天地，2021，（24）：113.

[15] 毛智，文雅. 浅谈高校英语教师发展中的学科教学知识研究 [J]. 高教探索，2017（z1）：104-105，192.

[16] 梅琴. 高等职业院校英语实践教学研究 [D]. 桂林：广西师范大学，2018：16.

[17] 孙永波. 高校英语类课程课堂管理策略研究 [J]. 教育科学，2011，27（6）：33-35.

[18] 汤海丽. 高校英语信息化教学改革与微课教学模式探究 [M]. 北京：冶金工业出版社，2018.

[19] 王军霞，陈会军. 文化—互动范式：跨文化视角下高校英语教学改革研究 [J]. 黑龙江高教研究，2018（2）：148-151.

[20] 王磊. 互联网+背景下高校英语有效教学研究 [M]. 长春：吉林人民出版社，2019.

[21] 王利. 基于多媒体的高校英语教学模式探究 [J]. 教育评论，2015（5）：123-125.

[22] 王雅. 在高校英语教学中如何应用翻转课堂教学模式 [J]. 作家天地，2021（24）：67.

[23] 温晶晶. 基于人本主义教育思想的高校英语教学模式探究 [J]. 内蒙古师范大学学报（教育科学版），2015，28（5）：133-135.

[24] 巫玮，杜云云. 试论高校英语教学的发展与融合 [J]. 黑龙江高教研究，2014（11）：160-162.

[25] 谢志贤，金吉华. 高校英语教师科研创新能力的提升 [J]. 教育与职业，2015（11）：63-65.

[26] 闫超亚. 商务英语立体化实践教学模式建构研究 [J]. 河南科技学院学报，2020，40（8）：68.

[27] 杨蕾. 新经济条件下高校英语教学的新模式 [J]. 商业经济研究，2019（18）：190-192.

[28] 杨希燕，杨澂. 高校英语教师专业发展的改革与创新研究 [J]. 东北师大学报（哲学社会科学版），2015（5）：246-249.

[29] 俞燕. 以就业为导向商务英语专业实践教学体系的构建 [D]. 苏州：苏州大学，2011：41.

［30］ 翟谧倩. 多元文化发展视角中高校英语教学体系的构建［J］. 黑龙江高教研究，
2016（5）：171-173.

［31］ 张国颖，王晓军. 高校英语教师信息素养现状与对策［J］. 图书馆理论与实践，
2017（6）：34-37.

［32］ 张鸢. 基于 ESP 的高校英语教学模式探索［J］. 教育理论与实践，2016，36（33）：
43-44.

［33］ 张淑贞. 高校英语教学环境维度考量重要性研究［J］. 内蒙古师范大学学报（教育
科学版），2014，27（10）：120-121.

［34］ 张鑫. 英语教学的理论与实践［M］. 北京：知识版权出版社，2012.

［35］ 张喆群. 构建以就业为导向的专业英语实践教学体系［J］. 湖北大学成人教育学院
学报，2009，27（5）：80-81.

［36］ 赵素妮，连俊峰，黄泽云，等. 职业能力培养视域下的高校英语课程改革研究［J］.
黑龙江畜牧兽医（下半月），2016（12）：233-235.

［37］ 赵艳. 跨文化交际与英语思维教学研究［M］. 长春：吉林大学出版社，2017.

［38］ 赵梓男. 大学英语微课程教学模式的探究［J］. 福建茶叶，2019，41（6）：97-98.

［39］ 郑璞玉，安桂芹. 论高校英语教学翻转课堂的信息化建设［J］. 黑龙江高教研究，
2017（2）：153-155.

［40］ 朱锋颖，吴宪忠，崔景梅. 高校英语微课信息服务平台构建［J］. 情报科学，2015，
33（12）：106-110.